Polyglott-Reiseführer

Wales

Franz-Josef Krücker

Polyglott-Verlag München

Langenscheidt Mini-Dolmetscher Englisch

Allgemeines

Guten Morgen	Good morning [gud **moh**ning]	
Guten Tag (nachmittags)	Good afternoon [gud after**nuhn**]	
Hallo!	Hello! [hä**lloh**]	
Wie geht's?	How are you? [hau **ah**⌣ju]	
Danke, gut.	Fine, thank you. [**fain, θänk**⌣ju]	
Ich heiße ...	My name is ... [mai **nehm**⌣is]	
Auf Wiedersehen.	Goodbye. [gud**bai**]	
Morgen	morning [**moh**ning]	
Nachmittag	afternoon [after**nuhn**]	
Abend	evening [**ihw**ning]	
Nacht	night [nait]	
morgen	tomorrow [tu**morr**oh]	
heute	today [tu**deh**]	
gestern	yesterday [**jest**erdeh]	
Sprechen Sie Deutsch?	Do you speak German? [du⌣ju spihk **dsehöh**mən]	
Wie bitte?	Pardon? [**pahd**n]	
Ich verstehe nicht.	I don't understand. [ai **dohnt** ander**ständ**]	
Würden Sie das bitte wiederholen?	Would you repeat that please? [wud⌣ju ri**piht** öät, plihs]	
Langsamer bitte!	Could you speak a bit more slowly, please? [kud⌣ju spihk⌣ə bit moh **slou**li plihs]	
bitte	please [plihs]	
danke	thank you [**θänk**⌣ju]	
Keine Ursache.	You're welcome. [joh **wäll**kamm]	
was / wer / welcher	what / who / which [wott / huh / witsch]	
wo / wohin	where [wäə]	
wie / wieviel	how / how much [hau / hau **matsch**]	
wann / wie lange	when / how long [wänn / hau **long**]	
warum	why [wai]	
Wie heißt das?	What is this called? [**wott**⌣is öis kohld]	
Wo ist ...?	Where is ...? [**wäər**⌣is ...]	
Können Sie mir helfen?	Can you help me? [**kän**⌣ju **hälp**⌣mi]	
ja	yes [jäss]	
nein	no [noh]	
Entschuldigen Sie.	Excuse me. [iks**kjuhs** miðə]	
rechts	on the right [on ðə reit]	
links	on the left [on ðə left]	

Sightseeing

Gibt es hier eine Touristeninformation?	Is there a tourist information? [is⌣ðər⌣ə **tua**rist in**fə**mehschn]
Haben Sie einen Stadtplan / ein Hotelverzeichnis?	Do you have a city map / a hotel guide? [du⌣ju häw⌣ə ßiti mäpp / hoh**täll** gaid]
Welche Sehenswürdigkeiten gibt es hier?	What are the local sights? [**wott**⌣ə ðə lohkl ßaits]
Wann ist ... geöffnet?	When are the opening hours of ...? [**wänn**⌣ah ði **ohp**ning auers əw ...]
das Museum	the museum [ðə mju**sih**əm]
die Kirche	the church [ðə **tschöh**tsch]
die Ausstellung	the exhibition [ði egsi**bisch**n]
Wegen Restaurierung geschlossen.	Closed for restoration. [**klohsd** fə rästə**rehsch**n]

Shopping

Wo gibt es ...?	Where can I find ...? [wäə kən⌣ai faind ...]
Wieviel kostet das?	How much is this? [**hau**⌣matsch is⌣ðis]
Das ist zu teuer.	This is too expensive. [ðis⌣is tuh iks**pänn**ßiw]
Das gefällt mir (nicht).	I like it. / I don't like it. [ai **laik**⌣it / ai dohnt laik⌣it]
Gibt es das in einer anderen Farbe / Größe?	Do you have this in a different colour / size? [du⌣ju häw⌣ðis in⌣ə **diff**rənt kaller / ßais]
Ich nehme es.	I'll take it. [ail **tehk**⌣it]
Wo ist eine Bank / ein Geldautomat?	Where is a bank / a cash dispenser? [**wäər**⌣is ə⌣bänk / ə käsch dis**pänn**ser]
Geben Sie mir 100 g Käse / zwei Kilo ...	Could I have a hundred grams of cheese / two kilograms of ... [kud⌣ai häw⌣ə **hann**drəd grämms⌣əw tschihs / tuh killəgrämms⌣əw ...]
Haben Sie deutsche Zeitungen?	Do you have German newspapers? [du⌣ju häw **dsehöh**mən **njuhs**pehpers]
Wo kann ich telefonieren / eine Telefonkarte kaufen?	Where can I make a phone call / buy a phone card? [wäə kən⌣ai mehk⌣ə fohn⌣kohl / bai⌣ə fohn⌣kahd]

Notfälle

Ich brauche einen Arzt / Zahnarzt.	I need a doctor / a dentist. [ai **nihd**‿ə **dock**ter / ə **dänn**tist]
Rufen Sie bitte einen Krankenwagen / die Polizei.	Please call an ambulance / the police. [**plihs** kohl ən‿**ämm**bjuləns / ðə pə**lihs**]
Wir hatten einen Unfall.	We've had an accident. [wihw **häd** ən‿**äck**ßidənt]
Wo ist das nächste Polizeirevier?	Where is the nearest police station? [**wäər**‿is ðə **niər**əst pəlihs stehschn]
Ich bin bestohlen worden.	I have been robbed. [ai həw bihn **robbd**]
Mein Auto ist aufgebrochen worden.	My car has been broken into. [mai **kah** həs bihn **brohk**ən **inn**tu]

Essen und Trinken

Die Speisekarte, bitte.	The menu please. [ðə **männ**ju plihs]
Brot	bread [bräd]
Kaffee	coffee [**koff**i]
Tee	tea [tih]
mit Milch / Zucker	with milk / sugar [wið‿**milk** / **schugg**er]
Orangensaft	orange juice [**orr**əndseh‿dsehuhs]
Mehr Kaffee, bitte.	Some more coffee please. [ßəm‿moh **koff**i plihs]
Suppe	soup [ßuhp]
Fisch	fish [fisch]
Fleisch	meat [miht]
Geflügel	poultry [**pohl**tri]
Beilage	sidedish [**ßaid**disch]
vegetarische Gerichte	vegetarian food [**wädseh**ə**tär**iən fud]
Eier	eggs [ägs]
Salat	salad [**ßäl**əd]
Dessert	dessert [di**söht**]
Obst	fruit [fruht]
Eis	ice cream [ais **krihm**]
Wein	wine [wain]
weiß / rot / rosé	white / red / rosé [wait / räd / **roh**seh]
Bier	beer [biə]
Aperitif	aperitif [ə**pärr**ətihf]
Wasser	water [**woht**er]
Mineralwasser	mineral water [**minn**rəl wohter]
mit / ohne Kohlensäure	sparkling / still [**spahk**ling / still]
Limonade	lemonade [**lämm**ə**nehd**]
Frühstück	breakfast [**bräck**fəst]
Mittagessen	lunch [**lannt**sch]
Abendessen	dinner [**dinn**er]
ein Imbiß	a snack [ə‿**ß**näck]
Ich möchte bezahlen.	I would like to pay. [ai‿wud **laik**‿tə peh]
Es war sehr gut / nicht so gut.	It was very good / not so good. [it‿wəs **wärr**i **gud** / **nott**‿ßoh **gud**]

Im Hotel

Ich suche ein gutes / nicht zu teures Hotel.	I am looking for a good / not too expensive hotel. [aim **lucking** fər‿ə **gud** / **nott** tu ickspännßiw **hoh**täll]
Ich habe ein Zimmer reserviert.	I have booked a room. [ai həw **buckt** ə **ruhm**]
Ich suche ein Zimmer für ... Personen.	I am looking for a room for ... persons. [aim **lucking** fər‿ə **ruhm** fə ... **pöh**ßns]
Mit Dusche und Toilette.	With shower and toilet. [wið **schauər**‿ənd **toil**ət]
Mit Balkon / Blick aufs Meer.	With a balcony / overlooking the sea. [wið‿ə **bälk**əni / **oh**werlucking ðə ßih]
Wieviel kostet das Zimmer pro Nacht?	How much is the room per night? [hau‿matsch is ðə ruhm pə‿**nait**]
Mit Frühstück?	Including breakfast? [**inkluh**ding **bräck**fəst]
Kann ich das Zimmer sehen?	Can I see the room? [kən‿ai ßih ðə ruhm]
Haben Sie ein anderes Zimmer?	Do you have another room? [du‿ju häw ə**nað**er ruhm]
Das Zimmer gefällt mir (nicht).	I like the room. / I don't like the room. [ai **laick** ðə ruhm / ai **dohnt laick** ðə ruhm]
Kann ich mit Kreditkarte bezahlen?	Do you accept credit cards? [du‿ju əck**ßäpp**t **kräd**it‿kahds]
Wo kann ich parken?	Where can I park the car? [**wäə** kən‿ai **pahk** ðə kah]
Können Sie das Gepäck in mein Zimmer bringen?	Could you bring the luggage to my room? [kud‿ju **bring** ðə **laggi**dsch tə‿mai **ruhm**]
Haben Sie einen Platz für ein Zelt / einen Wohnwagen / ein Wohnmobil?	Is there room for a tent / a caravan / a camper? [is‿ðə **ruhm** fər‿ə **tänt** / ə **kär**əwən / ə **kämp**er]
Wir brauchen Strom / Wasser.	We need electricity / water. [wi **nihd** i**läckt**rissəti / **woht**er]

INHALT

Allgemeines

Editorial	S. 7
Der Drache hat zwei Zungen	S. 8
Geschichte im Überblick	S. 16
Barden und Chöre	S. 19
Bara Brith und Laverbread	S. 23
Unterkunft	S. 25
Urlaub aktiv	S. 26
Reisewege und Verkehrsmittel	S. 28
Praktische Hinweise von A–Z	S. 93
Register	S. 95

Städtebeschreibung

Cardiff – Die junge Hauptstadt S. 30

In ihrer wirtschaftlichen Blütezeit erhielt die Stadt ihr viktorianisches Gesicht, typisch walisisch sind jedoch nicht nur die Nationalheldengalerie in der City Hall und das Museum of Welsh Life.

Swansea – Industrie und Literatur S. 40

Literaturbegeisterte werden den Spuren von Dylan Thomas folgen, Naturfreunde zieht es auf die Halbinsel Gower – und Swansea ist genau der richtige Ausgangspunkt.

Routen

Route 1 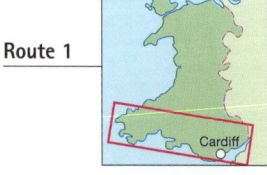 **Römer, Dichter, Missionare** S. 46

Es ließ sich gut leben hier in Wales, wenn man das Sagen hatte: Ob Römer, normannische Eroberer oder Bischöfe – alle legten Wert auf Komfort.

Route 2  **Schwarze Berge, grüne Hügel** S. 59

Nicht gänzlich unberührte Natur, aber doch wilde Landschaft durchwandert man im Brecon Beacons National Park, während das Wye-Tal die perfekte Kulisse für Tintern Abbey bietet.

INHALT

Routen

Route 3 | **Küstenlandschaften** S. 67

Manchmal läßt sich ein Spleen in klingende Münze verwandeln, wie Portmeirion beweist. Klimpert in Ihren Taschen genug Kleingeld, investieren Sie in Goldschmuck aus Dolgellau.

Route 4 | **Das Dach aus Schiefer – Snowdonia** S. 78

Fahren Sie mit der Schmalspurbahn durch Berge und Täler Snowdonias, in Schieferbergwerke ein oder über steile Grate hinauf auf den Snowdon – ein beschauliches Vergnügen!

Route 5 | **Schlösser, Burgen, Strand** S. 84

Wehrhafte Burgen auf Anglesey und an der Nordküste bieten traumhafte Ausblicke, bevor Sie einen Hauch viktorianischer Sommerfrische genießen.

Bildnachweis

Alle Fotos Dirk Renckhoff außer Volkmar Janicke: 7/1, 83/1; Franz-Josef Krücker: 13, 19/3, 25/3, 45/1, 49/2-3; Ullstein Bilderdienst: 19/2, 21, 77/2; Bavaria Bildagentur/PP: Umschlag (Bild); Eric Bach Superbild/Bernd Ducke: Umschlag (Flagge).

Editorial

Noch zu Anfang dieses Jahrhunderts fand man in der *Encyclopedia Britannica* unter dem Stichwort Wales den Verweis *see England*. Dabei ist es absurd, Wales als westliche Fortsetzung Englands zu betrachten. Denn die Vorfahren der heutigen Waliser waren die alten Briten, ein keltisches Volk, das sich in den wilden, freien Westen der Insel zurückzog, als die Angelsachsen vom Kontinent herüberdrängten. Und nur im Süden gelang es später den normannischen Eroberern *(1066 and all that)*, eine Prise französischer Finesse in das doch recht grobschlächtige britische Blut zu mischen.

Fishguard Bay, beliebt als Segelrevier und als Filmkulisse

Nicht immer kamen Angelsachsen und Briten (also Engländer und Waliser) gut miteinander aus – so schütteten sie im 8. Jh. einen Grenzwall zwischen sich auf. Man sieht es schon am Namen: Wales kommt vom angelsächsischen *wealeas* für „Fremde", während sich die Waliser in ihrer keltischen Sprache lieber *cymry* („Brüder") nennen. Doch alle Versuche, die Waliser zu Engländern zu machen, schlugen letztendlich fehl.

Die walisische Sprache ist im Alltag präsent

Heute haben die Engländer diese Bestrebungen weitgehend aufgegeben und lassen zu, daß die Waliser wieder ihre alte keltische Sprache und die Eigenständigkeit pflegen. Gerade in einer Zeit, da so vieles vereinheitlicht und gleichgeschaltet wird, tut es gut zu wissen, daß im „freien Westen" ein kleines Volk starrköpfig seine Eigenheiten verteidigt – und damit ein bißchen von der Vielfalt unserer Welt.

Auch die schwierige Frage ist damit beantwortet, die immer gestellt wird, wenn man seit fast 30 Jahren auf die Britischen Inseln fährt: Wo ist es am schönsten? Spätestens auf den Pässen von Snowdonia wird es klar: *Croeso i Gymru* – Willkommen in Wales.

Der Autor

Franz-Josef Krücker studierte in Köln Englisch und Sozialwissenschaften. Er fuhr als Jugendlicher erstmals nach Britannien und kehrt seitdem fast jedes Jahr mindestens einmal zurück. Dazwischen arbeitet er als freier Autor, Lektor und Übersetzer.

Der Drache hat zwei Zungen

Zackig wirkt er, der rote walisische Drache, mit Pfeilzunge, spitzen Flügeln und gerolltem Pfeilschwanz. Aber er musste sich ja auch oft genug verteidigen gegen Eindringlinge, die sein kleines, wildes Land besetzen wollten.

Und als was ist dieses Land nicht schon alles bezeichnet worden! Es sei das Land der Chöre, der Harfenisten und Dichter. Ja, die Waliser singen gern und feiern mit Inbrunst ihre traditionellen Feste, vor allem den *eisteddfod* (s. S. 20 f.), reden und erzählen stundenlang – am liebsten über sich selbst. Es sei auch das Land der Schafhirten. Schließlich kommen auf jeden Waliser mindestens zwei dieser Wollknäuel. Außerdem sei es das Land der Bergleute. Und tatsächlich färbte die Kohle die grünen Täler schwarz, während sowohl die Häuser in New York wie die in Hamburg mit dem Schiefer Snowdonias gedeckt wurden. Auch wenn heute nur noch wenige Kumpel unter Tage schuften, die schweißtreibende körperliche Arbeit hat an allen Ecken und Enden Spuren hinterlassen. Wales sei auch das Land der Sozialisten, heißt es. Was Wunder, wenn man sich die Arbeitsbedingungen der Bergleute, Eisenschmelzer und Transportarbeiter vor Augen hält – und dann die Schlösser betrachtet, die sich die Zechenbesitzer bauen ließen. Nur der Solidarität und dem unermüdlichen Kampf der Frauen um menschliche Lebensbedingungen ist es zu danken, dass zumindest ein wenig vom Fortschritt auch den Arbeitern zugute kam. Dann sei Wales das Land der Nonkonformisten, in der Frage der Religionszugehörigkeit zweifellos eine historische Tatsache; bis heute steht in jedem größeren Ort eine unabhängige *chapel*. Aber die Aussage stimmt wohl auch weiter gefasst. So behaupten vorlaute Zungen, an denen es dort nicht mangelt, wenn man irgendwo in Wales laut „Ja" rufen würde, gingen sofort alle Fenster auf und mindestens zehn Leute würden einem genauso laut „Nein" entgegenschreien.

Offensichtlich gibt es die Waliser als Volk; sie fühlen sich jedoch auch als Nation mit einer vielleicht nicht genau definierten, gleichwohl vorhandenen Identität. Ihre Symbole entstanden Ende des 19. Jhs.: die Universität von Wales; die Nationalbibliothek in Aberystwyth; das Nationalmuseum in Cardiff; die Nationalmannschaften in verschiedenen Sportarten. Und so spricht der rote Drache heute tatsächlich wieder mit zwei Zungen: die eigene walisische ist ihm nachgewachsen.

Lage und Landschaften

Wales schließt im Westen als große Halbinsel an Mittelengland an und misst von Norden nach Süden etwa 260 km und rund 80 km von Osten nach Westen. Vor ihrer Nordwestecke liegt die durch eine schmale Wasserstraße abgetrennte Insel Anglesey, ein flaches Ackerbau- und Weideland, das die Waliser von jeher mit Nahrung versorgt und deshalb liebevoll „Mutterinsel" (Ynys Mon) genannt wird.

Nationalparks

Snowdonia, die Brecon Beacons und die Küste von Pembrokeshire im Südwesten wurden zu Nationalparks erklärt. Hier ist eine Vielzahl von Tieren und Pflanzen geschützt, doch leider erlaubt sich der britische Staat zahllose Ausnahmen: vom einstigen Schieferabbaugebiet bis hin zu Schießplätzen für die Armee, auch Stauseen und sogar Kernkraftwerke. Ebenso wenig ist die Weidewirtschaft in den Naturschutzgebieten tabu, obwohl Millionen Schafe oft alles kahl fressen.

DER DRACHE HAT ZWEI ZUNGEN

Wie ein langer Finger ragt südlich von Anglesey die Halbinsel Llyn – von einem schmalen Hügelrücken durchzogen und mit zahllosen kleinen Sandbuchten bestückt – in die Irische See. Über diese Kulisse erhebt sich mächtig Snowdonia, das Dach von Wales, mit dem Snowdon als höchstem Berg (1085 m) und weiteren Gipfeln, die beinahe an ihn heranreichen. Sie alle gehören zu den Kambrischen Bergen, die sich in Richtung Süden und zur englischen Grenze hinziehen. Zu ihren bekannteren Höhenzügen zählen noch der sagenumwobene Cader Idris (892 m) und der Plynlimon (752 m). Im Westen erstrecken sich die Berge bis zur Cardigan Bay mit kilometerlangen Sandstränden; im Süden jedoch laufen sie früher aus. Bedeutendste Erhebungen hier sind die Brecon Beacons mit dem Gebiet um den Black Mountain (802 m), den eigentlichen Brecon Beacons (886 m) im Westen und den Black Mountains (811 m) – eine verwirrende Namensgebung.

Von den Brecon Beacons führen mehrere Täler – die einfach The Valleys genannt werden – fast genau in südlicher Richtung zum Meer. Hier schlug man während der industriellen Revolution massenhaft Holz zur Eisenschmelze und baute später Kohle ab. Nun sind die Zechen geschlossen, und die Täler färben sich wieder grün, doch die Bäume sind noch nicht nachgewachsen.

In der Mitte und im Norden des Landes strahlen die Täler meist erfrischende Schönheit aus. Zahllose Flüsse schlängeln sich zum Meer und stürzen ob des hügligen Terrains oft in Wasserfällen zu Tal – ein zauberhafter Kontrast zur oft kahlen, aber nicht minder eindrucksvollen Bergwelt.

Eine Farm in den Brecon Beacons

Klima und Reisezeit

Wales ist ein grünes Land, und das kommt natürlich nicht von ungefähr. Aber die Behauptung, in Wales sei das Wetter schlecht, stimmt eigentlich nicht. Das Wetter wechselt sehr häufig

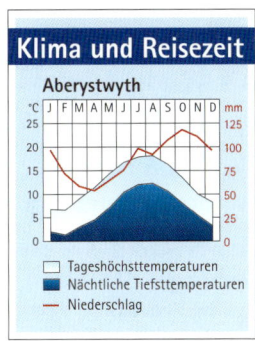

DER DRACHE HAT ZWEI ZUNGEN

und kann einem schon deshalb nie länger die Laune verderben. In tiefer gelegenen Regionen und an den Küsten ist es sehr mild, im Sommer durchschnittlich 17 °C, im Winter 10 °C. Oben in den Bergen weht ein kühlerer Wind, und hier können extreme Wetterumschwünge innerhalb weniger Stunden erfolgen; vor allem Nebel macht Wanderern und Kletterern gerne zu schaffen, die deshalb nie ohne verlässliche Wettervorhersage aufbrechen sollten.

Tipp Das ganze Jahr über gehören neben Sonnenschutz auch warme Sachen und Regenkleidung ins Gepäck. Da in den Monaten Juli und August in Großbritannien Ferien sind und Wales als beliebtes Urlaubsziel der Engländer gilt, wird es dann schon einmal etwas eng. Wer kann, sollte auf Mai, Juni oder September ausweichen, Monate, die vom Wetter oft mehr begünstigt sind. Im Winter sind viele Sehenswürdigkeiten geschlossen.

Natur und Umwelt

Wales war einst fast vollständig von Mischwald bedeckt, doch schon vor Jahrhunderten begann die Abholzung für den mittelalterlichen Städte- und Burgenbau. Die letzten Baumbestände beseitigte die industrielle Revolution, in der ganze Wälder zur Eisenschmelze verbrannt wurden, bevor man die ergiebigere Kohle fand. Heute wird wieder aufgeforstet, leider fast ausschließlich mit Monokulturen schnellwachsender Nadelbäume.

Und so findet man vor allem Weideland vor, das durch aufgeschichtete Steinmauern oder Hecken unterteilt ist. Nicht als Weiden genutzte Flächen sind im Frühjahr bunte Teppiche aus Grasnelken, Gänse- und anderen Wiesenblümchen. An Feldrändern leuchtet gelber Ginster, und der Rhododendron hat sich inzwischen so stark ausgebreitet, dass er zur Plage gerät.

Auf den ersten Blick scheint Wales nur von Schafen bewohnt zu sein; die zähen Bergrassen liefern gute Wolle. Doch außer den üblichen Haus- und Hoftieren und den wieder ausgesetzten Forellen und Lachsen leben in den wenigen Wäldchen und den Naturschutzgebieten einige in Europa sonst selten gewordene Arten. In Mittelwales gibt es nach einem Schutz- und Auswilderungsprogramm jetzt wieder 80 bis 100 Pärchen des Roten Milans. Spechte, Kleiber, Baumläufer, Fliegenschnäpper, Laubsänger und Kreuzschnäbel klopfen, zirpen und zwitschern in den Tälern, während in höheren Lagen neben Amseln und Raben auch Bussarde und einige Wanderfalken ihre Kreise ziehen. Die Flussufer sind Heimat von Schnepfen, Kiebitzen und Uferläufern.

Tipp Aufzucht und Lebensgewohnheiten des Roten Milans kann man in zwei Zentren beobachten: **Red Kite Activity Centre,** Neuadd Arms Hotel, Llanwrtyd Wells, ☎ 0 15 91/ 61 02 36; **Red Kite Feeding Station,** Gigrin Farm, bei Rhayader, ☎ 0 15 97/ 81 02 43, ⏲ tgl. 10–16 Uhr.

Am aufregendsten aber ist das Tierleben an der langen, oft steilen und rauen Küste. Die vorgelagerten Inseln Skomer, Skokholm und Ramsey (s. S. 54, 56) im Pembrokeshire National Park sind als Vogelschutzgebiete ausgewiesen und dürfen nur sehr eingeschränkt betreten werden. Außer Delphinen und Seehunden kann man vom Boot aus neben zahllosen Möwenarten auch Tölpel, Sturmtaucher, Tordalke, Papageitaucher, Eissturmvögel und Steindohlen beobachten.

Bevölkerung

Zu behaupten, die Waliser seien eben Kelten und die Engländer Angelsachsen, ist zu schwarz-weiß gedacht. Doch die kulturellen Unterschiede lassen sich auch nicht völlig leugnen – trotz aller Versuche, die Waliser zu Engländern zu machen, von denen wohl die Vereinheitlichung der Schulsysteme 1870 der effektivste war. Denn damit trieb man es schon den Kindern aus, ihre Mutter-

DER DRACHE HAT ZWEI ZUNGEN

sprache zu sprechen, vorzugsweise durch eine Holztafel mit der Aufschrift: „Welsh not". Diese bekam ein Schüler umgehängt, sobald er beim Walisischsprechen erwischt wurde; hörte man einen anderen, so erhielt der die Tafel. Und wer sie am Schluss der Stunde hatte, war reif für eine Tracht Prügel. Heute sind die meisten Primar- und Sekundarschulen zweisprachig. Die aktive Pflege der walisischen Sprache hat an Stellenwert gewonnen.

Ihnen wird man in Wales (fast) überall begegnen

Siedlungen

Als Giraldus Cambrensis (s. S. 55) im 12. Jh. durch Wales reiste, lebten die Waliser noch vorwiegend auf einsamen Gehöften inmitten ihrer Felder. Nur um Burgen, Kirchen und einige Marktplätze herum gruppierte sich eine größere Anzahl Häuser. Das änderte sich erst mit der Besetzung durch Edward I., der seine Burgen mit ummauerten Städten schützte, die er mit Engländern besiedelte. So wuchsen im Mittelalter etwa 80 größere Orte und Marktstädte heran.

Die Bauernhöfe waren flache, einfache Steinkaten, die vor allem Wind und Wetter trotzen mussten; der Adel baute seine Schlösser und Herrenhäuser

Sommer auf der Llyn-Halbinsel

Wie aus Thomas ap John Tom Jones wurde

Bürokraten sind merkwürdige Menschen – sie müssen alles fein säuberlich in Schubladen ablegen können, sonst verlieren sie den Überblick. So auch die englischen Stadtschreiber des 16. Jhs., die nach dem Act of Union die Waliser zu erfassen hatten. Die begnügten sich von alters her mit einem christlichen Vornamen, dem sie, falls dies einmal erforderlich war, die Namen von Vater, Großvater und Urgroßvater anhängten.

Hieß also jemand Thomas und sein Vater John, so war er offiziell Thomas ap John (*ap* = Sohn des) oder noch genauer Thomas ap John ap Dafydd, wenn seines Vaters Vater eben Dafydd war.

Seine Schwester Ceridwen wurde entsprechend Ceridwen ferch John genannt (*ferch* = Tochter des).

Diese in vielen Gesellschaften üblichen sog. Patronyme passten den Engländern nicht; sie wollten ordentliche Nachnamen, ein Wunsch, dem die Waliser schlicht dadurch nachkamen, dass sie den Vaternamen zum Nachnamen umfunktionierten: Aus Thomas ap John wurde nun eben Thomas John oder Thomas Johns oder Tom Jones. Und da die meisten Männer mit Vornamen John hießen, füllt der Name Jones noch heute viele Seiten im Telefonbuch jeder walisischen Stadt.

selbstverständlich lieber in den lieblicheren Landschaften Englands. Daher entstanden stattliche Häuser in Wales erst während der industriellen Revolution, als die Fabrikbesitzer ihren neuen Reichtum auch zeigen wollten. Die politische Macht hatte allerdings längst London übernommen, wo man die Erschließung des abgelegenen Gebiets im Westen generalstabsmäßig plante. Durch Brücken, Straßen und Gebäude verwandelten englische und schottische Baumeister das Antlitz von Wales.

Rolle der Frau

Wie in allen Gesellschaften, die ums Überleben kämpfen mussten, spielten auch in Wales die Frauen eine entscheidende Rolle. Zeitweise nahmen sie eine so dominante Stellung ein, dass sich das Klischee der *Welsh mum* herausbildete, die ihre Schürze mit starken Armen über Ehemann und Kinder breitet; gleichzeitig galten die Gesetze des Fürsten Hywel Dda (10. Jh.) als die fortschrittlichsten des ganzen Mittelalters, wurden darin doch auch den Frauen klare Rechte zugestanden. Aber die Industrialisierung zerstörte die traditionelle Familienstruktur. Nun betreiben viele Frauen nebenbei eine kleine Landwirtschaft, um die mageren Löhne der Männer aufzubessern; und sie unterstützten ihre Männer bei Streiks.

Arbeitsplätze für Frauen gab es damals kaum, denn Wales lieferte vor allem Kohle (allerdings arbeiteten zahlreiche Kinder unter Tage) oder Produkte der Schwerstarbeit aus den Eisenhütten. Erst jetzt, da Kohle und Stahl Hi-Tech-Fabriken weichen, finden Frauen wegen ihrer niedrigen Akkordlöhne eher Arbeit als Männer.

Religion

Die Religion spielte in Wales stets eine bedeutende Rolle. Bald nach dem Abzug der Römer begann die Christianisierung durch irische Mönche, die sich als Eremiten oder in kleinen Gemeinschaften niederließen. Doch bei den Bauern fand der christliche Glaube keinen großen Anklang, sodass die Abteien ab dem 8. Jh. wieder verschwanden. Ein zweiter Vorstoß des Christentums erfolgte mit der Ankunft der Normannen. Vor allem Benediktiner und Zisterzienser errichteten ein Netz von Klöstern – Horte der Erziehung und Bildung, aber auch der politischen Macht. Bereits Anfang des 13. Jhs. kämpfte König Johann, letztlich vergebens, gegen das Machtstreben des Papstes. Im 16. Jh. waren die Waliser treue Katholiken und Royalisten, denn ihre eigene Dynastie, die Tewdwr (Tudor), saß auf dem Thron. Noch 1521 bekam Heinrich VIII. sogar den Titel „Verteidiger des Glaubens" verliehen, weil er sich gegen Luther gestellt hatte; doch zehn Jahre später brach er endgültig mit dem Papst, weil dieser ihm die Annullierung seiner ersten Ehe verweigerte. Die anglikanische Kirche behielt jedoch viele Riten und Dogmen der katholischen Kirche bei und wuchs zu einer mächtigen Staatskirche heran, mit dem König an der Spitze und den ihm direkt unterstellten einflussreichen Bischöfen von Canterbury und York.

1534 löste Heinrich VIII. die Klöster auf, die daraufhin allen Besitz abliefern mussten. Danach verfielen die Abteikirchen; und ganz Wales unterstand den Erzbischöfen von Canterbury, die die Anglisierungspolitik der Krone in ihrem Bereich nachvollzogen. Nur selten, und auch nur anfänglich, wurden Waliser zu Bischöfen der vier Diözesen St. David's, Llandaff, St. Asaph und Bangor gewählt. Die englischen Bischöfe jedoch glänzten meist durch Abwesenheit.

Im 18. Jh. brach sich der Nonkonformismus in einer großen Woge Bahn. Hintergrund waren die Vernachlässigung durch die anglikanische Staatskirche und die Auswanderung vieler Waliser nach Amerika; die dort erstarkten Ideen freier Glaubensgemeinschaften stießen in der alten Heimat auf Widerhall. Als wesentliche Beschleuni-

DER DRACHE HAT ZWEI ZUNGEN

gungsmomente erwiesen sich hierbei die Aufklärung und die Verbreitung des Buchdrucks, denn damit verlor die Amtskirche ihr Bildungsmonopol. Vor allem dank der Bemühungen von Pastor Gryffydd Jones und Bridget Bevan, Ehefrau eines wohlhabenden Parlamentsabgeordneten aus Carmarthen, entstanden Anfang des 18. Jhs. in kürzester Zeit Hunderte von Dorfschulen in Wales, und innerhalb von 50 Jahren

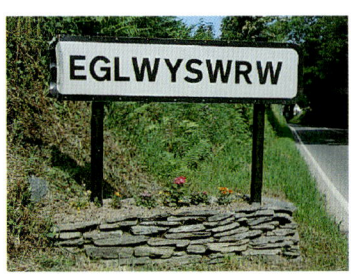

Die alte Sprache

Walisisch ist die wohl älteste noch gesprochene Sprache Europas. Das keltische Volk der Briten brachte seine eigene Sprache mit, als es im ersten Jahrtausend v. Chr. die Insel vor der Küste des Kontinents besiedelte. Dabei stammen Britisch und Gallisch (die Sprache von Asterix) aus demselben Zweig des Keltischen, anders als das irische und schottische Gälisch. Die Okkupation durch die Römer überlebte das Britische, nicht aber deren Abzug. Aus ungeklärten Gründen brach das Sprachgefüge zusammen wie ein Kartenhaus und gestaltete sich innerhalb weniger Generationen bis zum 6. Jh. so stark um, dass man ihm einen neuen Namen gab: Walisisch.

Der Bau von Offa's Dyke im 8. Jh. grenzte die Region, in der diese Sprache gepflegt wurde, ziemlich genau ab; dort blieb sie länger in Gebrauch, als dies den Engländern recht war. Denn in der Praxis führte der Act of Union von 1536 – der Englisch zur Amtssprache erhob – dazu, dass die Waliser zweisprachig wurden. Dennoch trugen die Übersetzung der Bibel ins Walisische durch Bischof Morgan (1588) und die Förderung des Unterrichts durch die nonkonformistischen *chapels* erheblich zum Erhalt der Sprache im Alltag bei. Mehr als die Wanderungsbewegungen infolge der industriellen Revolution gefährdete die Einführung der allgemeinen Schulpflicht 1870 das Walisische, dessen Verbreitung seit Anfang des 20. Jhs. rapide zurückging – 1971 sprachen es weniger als 20 Prozent der walisischen Bevölkerung. Doch schon Mitte der 60er Jahre formierte sich eine Gegenbewegung. Cymdeithas yr Iaith Gymraeg, die 1962 gegründete Gesellschaft für die walisische Sprache, erkämpfte nach teilweise militanten Auseinandersetzungen bis Mitte der 70er Jahre die Zweisprachigkeit. Heute wird in Nordwestwales im Alltag ganz selbstverständlich Walisisch gesprochen; und im Süden, wo zuletzt kaum noch jemand die „alte Sprache" beherrschte, erlebt sie eine Renaissance, mit der ob ihrer Kompliziertheit keiner gerechnet hatte – sicher auch ein Zeichen des Widerstands gegen die Gleichmacherei der britisch-europäischen Bürokratie.

Das Walisische kennt einige zusätzliche Laute, etwa *dd*, gesprochen wie das englische *th*, und *ll* wie *chl*. Ein einfaches *f* wird wie das *w* im Deutschen gesprochen, *ff* oder *ph* jedoch wie das deutsche *f*. Ein *c* entspricht immer dem deutschen *k*, das walisische *u* meist dem deutschen *i*, dafür sprechen die Waliser das als Vokal gebrauchte *w* wie ein deutsches *u*. Noch einige Redewendungen: Bore da („bore da" – guten Morgen), p'nawn da („pnaun da" – guten Tag), diolch („ch" wie „ich" – danke) und *iechyd da* („jechid da" – Prost).

DER DRACHE HAT ZWEI ZUNGEN

Steckbrief

Fläche: 20 720 km².

Einwohner: 2,9 Mio., davon zwei Drittel in einem breiten Streifen entlang der Südküste.

Schafe: ca 8 Mio., überall.

Größere Städte:
Cardiff (316 000 Einw.),
Swansea (230 000 Einw.),
Newport (130 000 Einw.).

war fast die gesamte Bevölkerung alphabetisiert – in Walisisch.

 Europas älteste Sprache lehrt das **Welsh Language Teaching Centre** der University of Cardiff: 42 Park Place, Cardiff CF1 3BB, ☎ 0 12 22/87 47 10, 🖷 87 47 08.

Die theologische Auseinandersetzung führten die Methodisten zunächst innerhalb der Amtskirche, erst später radikalisierte sich die Bewegung, die auch andere Teile Britanniens erfasste, und gründete sich 1811 neu als Calvinistic Methodists (heute Presbyterian Church of Wales). Trotz der verschiedensten Absplitterungen und Neugründungen geriet der Nonkonformismus nie in die Krise. Offensichtlich entspricht die individualistische Grundhaltung mit ihrer oft strengen Religiosität, aber gedanklichen und politischen Freiheit der Denk- und Lebensweise der Waliser eben am besten.

Bis heute existieren, übers ganze Land verstreut, rund 3500 *chapels* (unabhängige Gemeinden). Ihre Gebäude waren zunächst schlicht und erinnerten an Scheunen oder Wohnhäuser; später protzte man mit auffälligen Fassaden in den wieder entdeckten klassizistischen Stilrichtungen. Einige der *chapels* wurden hervorragend renoviert, andere zweckentfremdet. Denn Begegnungsstätten des gesamten Dorfes sind sie nicht mehr.

Wirtschaft

Zu Beginn des 20. Jhs. hatte Wales das, was wir heute eine typische Dritte-Welt-Wirtschaft nennen: Grundlage Landwirtschaft; Export von Rohstoffen (Kohle, Schiefer); nur geringe Fertigungskapazitäten (Eisen, Stahl). Dann fielen die Rohstoffpreise, der Bedarf an Produkten der Schwerindustrie ging zurück, und die Menschen standen mit schmutzigen, aber leeren Händen da.

Heute halten zumindest einige wieder Sektgläser und kleine Köstlichkeiten aus Seetang; zum walisischen *laverbread* gesellte sich japanisches *sushi*. 1973 eröffnete Vorreiter Sony eine Fernsehgerätefabrik, und 23 Jahre später siedelte sich bereits das 50. japanische Unternehmen in Wales an.

Zudem verlegte die britische Regierung Anfang der 70er Jahre einen Teil ihrer Verwaltung in die Provinz und wies Förderzonen aus, die seitdem beständig erweitert werden. Damit sicherte man die Stahlproduktion um Swansea, die Erdölindustrie um Milford Haven und die Produktion von Autozubehör, Elektronik und Elektrogeräten in den Valleys und der Umgebung von Wrexham.

Für viele Menschen bleibt die ob des Geländes manchmal sehr mühsame Landwirtschaft Lebensgrundlage. Eine wachsende Rolle spielen der Dienstleistungsbereich und der Tourismus.

Verwaltung

Mit dem Act of Union 1536 sollten die Waliser eigentlich zu Engländern werden. Er glich die jeweiligen Strukturen stark an, sodass heute die meisten Regelungen für England und Wales gelten, während Schottland z. B. ein eigenes Erziehungswesen, eine eigene Nationalbank und Ähnliches besitzt. Doch die Waliser wollen es offensichtlich gar nicht anders. Bei einem Referendum am 1. März 1979 sprachen sich nur 13 % der Waliser für ein eigenes Parlament und eine eigene Regierung aus. Die Mehrheit war anscheinend mit

DER DRACHE HAT ZWEI ZUNGEN

einem höheren Maß an Eigenverantwortung zufrieden: Nachdem 1951 ein Ministerium für Wales eingerichtet wurde, machte man 1955 Cardiff zur Hauptstadt; 1959 wurde die walisische Flagge anerkannt; und 1964 stieg der Minister für Wales in den Kreis des inneren Kabinetts auf. 1967 schließlich wurde das Walisische dem Englischen offiziell gleichgestellt.

Den walisischen Nationalisten reichte dies nicht. Sie gründeten 1925 Plaid Cymru, die nationalistische Partei, konnten jedoch nie mehr als drei Abgeordnete ins Londoner Unterhaus entsenden. Verwaltungsmäßig wurden die historischen 13 *counties* 1974 zu acht Bezirken zusammengefasst, die im April 1996 dann wieder in 20 ländliche und städtische *boroughs* unterteilt wurden. Im Wahlkampf hatte Tony Blair den Walisern mehr Eigenverantwortung versprochen. Nach dem Sieg von New Labour am 1. Mai 1997 stimmte eine knappe Mehrheit der Waliser in einem neuen Referendum für ein eigenes Parlament mit begrenzten Befugnissen.

Eine chapel in Brecon, „Hauptstadt" der Brecon Beacons

Über allem: der rote Drache

Der rote und der weiße Drache

Merlin, der Zauberer aus der Artussage, kannte die Wahrheit. Und als man ihn – den Sohn eines Geistes – opfern wollte, weil die Burg, die der König der Briten im 6. Jh. in Snowdonia bauen ließ, immer wieder einstürzte, rückte er damit heraus. Merlin verriet dem König, dass unter dem ausgewählten Hügel ein See lag, den die erstaunten Bauleute dann auch tatsächlich fanden. In diesem See ruhten zwei Drachen, ein roter und ein weißer, die – kaum hatte man das Wasser abgeleitet – sofort gegeneinander zu kämpfen begannen. Zuerst behielt der weiße Drache die Oberhand, doch in einem letzten Aufbäumen überwältigte ihn schließlich der rote Drache.

Merlin erklärte, der weiße Drache seien die Sachsen, die drüben in England wohnten; der rote Drache jedoch seien die Briten hier in Wales, die letztlich die Freiheit erringen würden. Seit die Barden diese Legende ins Land hinaustrugen, ist der rote Drache das Sinnbild für Wales. Wer wird da schon nachhaken, ob der rote Drache nicht vielleicht ursprünglich ein Emblem römischer Truppen war, das sich so von der Besatzer- auf die Seite der Freiheit geschmuggelt hat?

Nach der Thronbesteigung von Henry Tewdwr als Heinrich VII. zierte der rote Drache sogar das britische Königswappen – bis ihn der Schotte Jakob I. durch sein goldenes Einhorn ersetzte. 1901 wurde er königlich anerkanntes Wahrzeichen von Wales, und 1959 erkannte Elisabeth II. die walisische Flagge mit dem rotem Drachen auf weiß-grünem Grund an.

Geschichte im Überblick

Ab etwa 2500 v. Chr. Verschiedene Völker ziehen auf den Britischen Inseln umher und errichten kleinere Ansiedlungen. Aus dieser Zeit sind Grabkammern und stehende Steine erhalten.

4. bis 1. Jh. v. Chr. Aus Zentraleuropa wandern Kelten ein; einige Stämme ziehen nach Schottland und Irland weiter, während die Briten England und Wales besiedeln.

61 bis ca. 383 n. Chr. Die Römer greifen Wales (zunächst erfolglos) an, doch mit der Ankunft von Agricola im Jahr 78 wird Wales unterworfen.

5. bis 11. Jh. Das „dunkle Zeitalter": Nach dem Abzug der Römer okkupieren keltische Stämme aus Irland verschiedene Küstenregionen. Wales zerfällt in diverse Fürstentümer, die sich untereinander bekämpfen. Irische Mönche beginnen mit der Christianisierung. Der bekannteste Mönch ist Dewi (David), der nach seinem Tod 588 zum Nationalheiligen erklärt wird (1120 vom Papst offiziell heilig gesprochen). 768 unterstellt sich die in drei Diözesen aufgeteilte walisisch-keltische Kirche der römischen Kirche.

Spätes 6. Jh. Die Angelsachsen landen auf der Insel, drängen die Briten nach Westen ins heutige Wales ab und besiegen sie in zwei entscheidenden Schlachten: 577 bei Bath und 613 bei Chester, womit die Grenze von Wales in etwa festlag. 784 verstärkt Offa, König von Mercia, diese Grenze durch Offa's Dyke.

9./10. Jh. Zeitweiliger Zusammenschluss einiger Fürstentümer gegen die Wikinger, vor allem unter Rhodri und seinem Enkel Hywel Dda, der 950 einem für das Mittelalter einmaligen Rechtssystem Gültigkeit verschafft.

1039 einen sich die etwa 25 Fürstentümer noch einmal unter der Führung von Gruffudd ap Llywelyn, bis dieser 1063 von seinen Gefolgsleuten ermordet wird. Der walisische Adel muss König Harald von England Treue schwören.

1066 William the Conqueror beginnt seinen Eroberungszug auf den Britischen Inseln und erreicht im Folgejahr auch Wales. Von den Normannen eingesetzte Fürsten in der Grenzregion (Marsher Lords) werden dazu ermuntert, ihren Herrschaftsanspruch nach Westen auszuweiten. Die ersten Trutzburgen entstehen.

Bekannte Namen

Kennen Sie einen Waliser? Bestimmt, denn einige sind ziemlich berühmt, nur weiß man oft nicht, dass sie aus Wales stammen.

Ein Topgolfer, Ian Woosnam, ist Waliser, und auch Fußballer Ian Rush. Bei den Sängern sind die Waliser selbstverständlich gut vertreten: Tom Jones stammt aus Pontyprid und die ihm an Stimmgewalt kaum nachstehende Shirley Bassey aus Cardiff.

Auf den Schriftsteller Dylan Thomas wären Sie ja vielleicht noch gekommen, aber auch auf Richard Burton? Und noch einer der ganz Großen aus der Schauspielerzunft hat walisisches Blut in den Adern: Sir Anthony Hopkins, der sich neuerdings besonders um Snowdonia kümmert. Auch in der Politik mischen Waliser kräftig mit: so der „adoptierte" Waliser Kriegspremier David Lloyd George; die Konservativen Michael Heseltine und Sir Geoffrey Howe sowie der einstige Labour-Führer Neil Kinnock, vom Scheitel bis zur Sohle ein Kind der Kohletäler des Südens. Doch auch in früheren Jahrhunderten machten sich etliche Waliser einen Namen, etwa Sir Benjamin Hall, Regierungsbaumeister in London, nach dem die Glocke Big Ben benannt ist. Oder der Ingenieur, der Indien auf die Landkarte brachte und dem höchsten

GESCHICHTE IM ÜBERBLICK

Doch Vereinbarungen zwischen dem normannischen und dem walisischen Adel begrenzen die Eroberungszüge vorerst.

12. Jh. Die Orden der Benediktiner und Zisterzienser überziehen das Land mit einem Netz von Abteien, die auch für die politische Entwicklung von großer Bedeutung sind.

1194 wird Llywelyn ap Iorwerth, später „der Große" genannt, Herrscher über Gwynedd und dehnt seinen Machtbereich durch Eroberungen und Allianzen auf den größten Teil des Gebiets westlich von Offa's Dyke aus. Er stirbt 1240. Nach einer kurzen Regierungszeit seines Sohnes Daffyd gelangt sein Enkel Llywelyn ap Gruffudd (der als „der Letzte" in die Geschichte eingeht) an die Macht, weitet seine Herrschaft über ganz Wales aus und vertreibt die Engländer. 1267 erkennt Heinrich III. ihn als Prince of Wales an.

1272 besteigt Edward I. den englischen Thron und zeigt sich entschlossen, die aufrührerischen Fürsten in Schottland und Wales zu unterwerfen und „aus jedem Waliser einen Engländer" zu machen.

1282 greifen die Waliser gegen England zu den Waffen, was Edward mit einer tödlichen Gegenoffensive beantwortet: Llywelyn stirbt in einem Hinterhalt.

In den nächsten zehn Jahren erobern Edwards Truppen den größten Teil von Wales und sichern ihn durch mächtige Burgen (Caernarfon, Conwy, Harlech, Beaumaris). Andere Verteidigungsanlagen werden verstärkt (Aberystwyth, Flint, Rhuddlan, Builth), und einige walisische Forts werden umgebaut (Criccieth, Bere, Dolbadarn). Die meisten Burgen gehören zu von Mauern gesicherten Städten, in denen sich Engländer ansiedeln sollen.

1301 Als symbolische Geste ernennt Edward seinen gleichnamigen, 1284 in Caernarfon Castle geborenen Sohn zum Prince of Wales.

1400–1414 Einen letzten Aufstand gegen die englische Vorherrschaft stachelt Owain Glyndwr an, ein umstrittener Abkömmling mehrerer walisischer Adelshäuser. Er wird von Gefolgsleuten zum Prince of Wales ernannt, erobert weite Teile des Lan-

Berg der Erde seinen Namen gab, Sir George Everest. Charles Stewart Rolls, der sich mit Flugzeugen und Automotoren beschäftigte. Und Robert Owen, 1771 in Newtown geboren, der als sozial gesinnter Textilfabrikdirektor bahnbrechende Arbeitersiedlungen in Schottland und später in Amerika baute. Noch ein großer Wohltäter der Menschheit stammt aus Wales: der Philosoph Bertrand Russel, der sich – streitlustig wie viele Waliser – für den Frieden einsetzte und dafür ins Gefängnis wanderte. Nicht zuletzt muss an Sir Henry Morton Stanley erinnert werden, der endlich Dr. Livingston, nach dem er bereits zwei Jahre lang gesucht hatte, in Afrika aufspürte.

Giraldus Cambrensis

Geschichte im Überblick

des und beruft mehrere „Parlamente" (s. S. 71) ein. Ab 1408 werden seine Truppen jedoch mehrmals vom Prinzen Heinrich (dem späteren Heinrich V.) geschlagen, Glyndwr taucht unter.

1485 Mit Henry Tewdwr (Tudor, Heinrich VII.) besteigt erstmals ein Waliser den englischen Thron. Die geschickte Heiratspolitik seiner Vorfahren hatte es Heinrich ermöglicht, Anspruch auf den Thron zu erheben.

1536 Heinrich VIII. ordnet sein Reich neu. Wales wird durch den Act of Union ins englische Verwaltungssystem eingegliedert, alle Sonderregelungen werden abgeschafft, die walisische Sprache unterdrückt.

1588 Bischof William Morgan übersetzt die Bibel ins Walisische und leistet damit einen Beitrag zum Erhalt der Sprache. Auf die Reformation reagieren die Waliser mit der Gründung von Baptisten- und Methodistengemeinden. 1811 brechen die Methodisten mit der Kirche von England.

1642–1648 Im Bürgerkrieg tendieren die walisischen Führer eher zu den Royalisten, die Parlamentstruppen überrennen vor allem den Süden bald.

19. Jh. Die industrielle Revolution erfasst Wales. Im Süden wird Kohle abgebaut und Eisen geschmolzen; 1861 ist Merthyr Tydfil mit 70 000 Einwohnern bevölkerungsreichste Stadt.

Es beginnt der Kampf gegen die unmenschlichen Arbeitsbedingungen, der in der Chartistenbewegung und den Rebecca-Aufständen der 30er Jahre seine Höhepunkte findet.

1906 Bei Unterhauswahlen erringt die Liberale Partei zahlreiche Stimmen, vor allem in Wales. Der in Wales aufgewachsene David Lloyd George wird 1916 Kriegs- und Premierminister.

1925 Gründung von Plaid Cymru, der Nationalen Partei von Wales, die 1966 erstmals einen Abgeordneten ins Unterhaus entsendet.

Ab 1930 Die traditionellen Industrien Kohle, Stahl und Schiefer verlieren durch billige Importe schnell an Bedeutung; Arbeitslosigkeit und beträchtliche Abwanderungsbewegungen sind die Folgen des ökonomischen Niedergangs in Wales.

1951 Sensiblerer Umgang mit Wales: Die Londoner Regierung schafft ein eigenes Wales-Ministerium; 1955 wird Cardiff Hauptstadt von Wales.

1962 Gründung der Gesellschaft für walisische Sprache. Nach langen Auseinandersetzungen wird 1973 der Welsh Language Act zur Förderung und Verbreitung der walisischen Sprache beschlossen.

1979 In einem Referendum stimmen 87 % der Waliser gegen ein eigenes Parlament.

1982 geht S4C, ein walisischsprachiger Fernsehkanal, auf Sendung.

1984/85 Vom Zechensterben in Großbritannien ist – neben Nordengland – Wales am stärksten betroffen. Seit Ende der 80er Jahre erfolgt die Ansiedlung neuer Industrien in speziellen Förderzonen.

1996 Eine neue Verwaltungsgliederung gewährt den unteren Behörden in Wales mehr Eigenständigkeit.

1997 Nach dem Wahlsieg der Labour-Party entscheiden sich 56 % der Waliser bei einem neuen Referendum für ein eigenes Parlament.

1999 Zur Jahrtausendwende entstehen in Cardiff Bay das Parlamentsgebäude und mehrere Unterhaltungszentren, bei Carmarthen der Nationale Botanische Garten von Wales.

Barden und Chöre

Das keltische Erbe prägt die walisische Kultur bis weit ins Mittelalter und blitzt gelegentlich heute noch auf. Nachdem die Römer die medizin- und astronomiekundigen Druiden ausgelöscht hatten, waren vor allem Barden Träger dieses Erbes. Als Zeichen ihrer Zunft trugen sie eine Harfe, bis heute das beliebteste Instrument in Wales; allerdings wuchs das handliche Gerät, bis es im 17. Jh. bald 2 m groß und mit einer dreifachen Saitenreihe bespannt war.

Owain Glyndwr kämpfte für die Freiheit der Waliser

Die Musikalität der Waliser erreichte ihren Höhepunkt im 18. und 19. Jh., als Wales zum Land der Chöre avancierte. Die Sangesfreude speiste sich aus zwei Quellen: dem im 18. Jh. aufblühenden Nonkonformismus, der nach religiösen Hymnen verlangte, und der industriellen Revolution des 19. Jhs., als Bergarbeiter in den berühmten *male voice choirs* der Valleys Hohelieder auf die Solidarität anstimmten. Allseits geschätzte Sängerinnen und Sänger zogen und ziehen seither durch die Opernhäuser der Welt, so Adelina Patti, Gwyneth Jones und Margaret Price; und der erste Vokalkünstler, den die britische Queen adelte, war der Waliser Sir Geraint Evans (1922–1995). Zwar existieren noch rund 300 Chöre in Wales, doch der vielstimmige Gesang erschallt heute nur noch zu besonderen Anlässen.

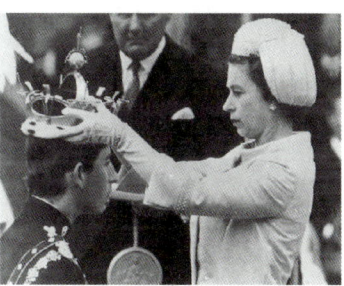

1. Juli 1969: Investitur von Prince Charles in Caernarfon Castle

Tipp! Bei Chorproben sind Besucher willkommen: Fragen Sie bei der lokalen Touristeninformation.

Die frühen Barden sorgten auch für den Erhalt der keltischen Sprache (das Britische) und tradierten Geschichte und Geschichten; die erste Dichtung in Walisisch wird Taliesin und Aneirin (6. Jh.) zugeschrieben, die in heroischen Versen das Leben der Häupt-

Der Chefdruide beim Eisteddfod waltet seines Amtes

Polyglott **19**

BARDEN UND CHÖRE

linge und Krieger besangen. Bis 1282 Llywelyn der Letzte im Kampf gegen die Engländer fiel und mit ihm das Patronagesystem endete, hatten Barden einen gut bezahlten, sicheren Arbeitsplatz bei Hofe. Danach waren sie gezwungen umherzuziehen und ihre Dienste bei Festen anzubieten.

Einer von ihnen war Dafydd ap Gwilym (um 1340 bis etwa 1400). In den klassischen Versformen, die sich zu jener Zeit herausbildeten, besang er die Natur seines Landes. Damals wurden Mythen, Legenden und Geschichten auch in ersten Manuskripten festgehalten (einige befinden sich in der Nationalbibliothek von Aberystwyth). Aus ihnen entstand die bekannteste Sammlung walisischer Legenden keltischen Ursprungs, das *„Mabinogi"*, das auch die ältesten Fassungen der Artussage auf Walisisch enthält.

Wer ist Waliser?

Doch schon seit der Besetzung im 13. Jh. stellt sich immer wieder die Frage, wer nun als walisischer Künstler gilt. Reicht die Geburt in Wales, auch wenn man sein ganzes Leben woanders verbringt? Muss man Walisisch sprechen? Zählen auch Einwanderer dazu, die ja oft ganz besonders tief ins kulturelle Erbe eintauchen? Saunders Lewis zum Beispiel wurde 1893 in Liverpool geboren, allerdings in der dortigen Waliser Kolonie. Er wurde Dozent für walisische Literatur an der Universität in Swansea und betätigte sich als Essayist, Dramatiker und politischer Publi-

Royal National Eisteddfod

Die Menge steht im Kreis um zwölf aufgerichtete Steine. Da naht auch schon die Prozession, eine Fahne voran: Fanfarenbläser in Knappenuniform; einer, der ein riesiges Schwert trägt; dann ältere Herren in wallenden weißen Gewändern mit obskuren Kopfbedeckungen; und schließlich die Gefolgschaft, Frauen und Männer in langen blauen, grünen oder weißen Kapuzengewändern. Die Fanfaren erklingen, der Erzdruide steigt auf einen Stein, bekommt das Schwert gereicht, zieht es halb aus der Scheide und ruft: „Oes heddwch?" – „Heddwch!" schallt es aus der Menge zurück. Die Frage: „Ist Frieden?" wird noch zweimal mit: „Frieden!" beantwortet, dann ertönen Harfenspiel und Gesang, und kleine barfüßige Mädchen in weißen Kleidchen mit Blumenkränzen im Haar tanzen. Eine Reise in die Vergangenheit? Nein, die Gorsedd-Zeremonie, Teil des *eisteddfod* in der ersten Augustwoche in Wales.

Der Gorsedd ist die Versammlung der Barden der Britischen Inseln, die erstmals 1792 in London stattfand, als das Keltentum gerade groß in Mode war. Initiator war Edward Williams aus dem Tal von Glamorgan, der unter seinem Bardennamen Iolo Morganwg bekannt wurde und sogar Dokumente fälschte, um als letzter echter Druide zu gelten. 1819 besuchte Iolo dann den *eisteddfod* von Carmarthen, zog zwölf Steine aus der Tasche und hielt erstmals eine Gorsedd-Zeremonie bei dem traditionellen Dichterwettstreit ab.

Doch der eigentliche *eisteddfod* hat eine viel längere Tradition. Erstmals 1176 lud Lord Rhys von Debeubarth, der damals unter Heinrich II. ganz Südwales beherrschte, alle Dichter aus Wales auf sein Schloss in Cardigan zum Wettstreit ein. Viel gemeinsam mit dem heutigen Ereignis hatte das zwar nicht (auch der Name war noch nicht erfunden), nur dass eben Dichter und vielleicht Musikanten um einen Preis und den Sieg stritten. Als später die Berufsdichter umherzogen und sich bei Festen verdingten, wurden – mit jahrzehntelangen Unterbrechungen – Wettstreite abgehalten, um Scharlatane aus der ehr-

BARDEN UND CHÖRE

zist – auf Walisisch. Als streitbarer Verfechter des walisischen Nationalismus gehörte er 1925 zu den Gründern der Nationalen Partei Plaid Cymru.

Sein Kollege R. S. Thomas hingegen erblickte 1913 in Cardiff das Licht der Welt, sprach in seiner Jugend nur Englisch und wurde erst einmal Pfarrer. Erst später lernte er Walisisch und begann, Gedichte zu schreiben – auf Englisch. Im Lauf der Jahre entwickelte er sich zum schärfsten Kritiker seiner geliebten Heimat und schalt seine Landsleute, weil sie dem Untergang ihrer Kultur nicht mehr Widerstand entgegensetzten. Heute gilt R. S. Thomas vielen als der eigentliche Nationaldichter von Wales. Dylan Thomas (s. S. 44) wiederum wurde zwar in Swansea geboren, schrieb oder sprach aber nie

Saunders Lewis

würdigen Dichterzunft auszumustern. Denn im 15. Jh. hatten sich bereits 24 verschiedene, in Reimschema und Metrum genau festgelegte Versformen herausgebildet, die nur wenige Poeten wirklich beherrschten. Im 17. Jh. ging die Tradition der Hofdichter verloren, während die Dichtkunst im 18. Jh. zur Volksbelustigung verkam; für „Brot und Bier auf dem Tisch" unterhielten Dichter und Sänger in Pubs.

1818 traf sich dann ein Kreis von Priestern, um ein Kulturfest für wohlsituierte Bürger ins Leben zu rufen, bei dem jedoch die Musik vor der Dichtkunst rangierte. Beim ersten *eisteddfod* 1819 war die Gorsedd-Zeremonie mehr geduldet als erwünscht. Und da die von verschiedenen Gesellschaften alle paar Jahre organisierten *eisteddfodau* oft einen unbefriedigenden Verlauf nahmen, gab man sich feste Regeln; im August 1861 schließlich erlebte Aberdare den ersten *national eisteddfod* nach der neuen Satzung. Doch blieben der nichtwalisische Einfluss und die organisatorischen Probleme beträchtlich, bis 1880 die National Eisteddfod Association gegründet wurde. Seither findet alljährlich (1914 war die einzige Ausnahme) ein *eisteddfod* statt, abwechselnd im Süden und im Norden.

Der preisgekrönte Dichter gewinnt einen Stuhl oder, in einer anderen Kategorie, eine silberne Krone; aber es werden auch Preise für Gesang, Harfenspiel, Essays, Theaterstücke, Kunsthandwerk und naturwissenschaftliche Disziplinen vergeben. Etwa 5000 Walisischsprachige aus der ganzen Welt nehmen an den 250 Wettbewerben teil, und viele Tausende besuchen in der ersten Augustwoche das „Feld" mit den Pavillons und etwa 300 Ständen walisischer Institutionen, Vereine und Firmen. Eine Woche wird nur Walisisch gesprochen (eine Simultanübersetzung per Funkkopfhörer ist aber verfügbar), sind Nationalstolz und Sorge um das Bewahren der eigenen Kultur an einem Ort konzentriert. Und auf die Frage, weshalb Waliser dafür eigens aus Edinburgh oder London, Hongkong oder Toronto anreisen, hört man immer wieder: „… um die Batterien für die anderen 51 Wochen im Jahr aufzuladen".

BARDEN UND CHÖRE

auch nur ein Wort Walisisch. Seine Kritiker werfen ihm außerdem vor, dass er ein zu romantisches Bild von Wales zeichnete.

 „Die vier Zweige des Mabinogi", Stuttgart: Klett-Cotta 1990; Dylan Thomas, „Ausgewählte Gedichte", München: Heyne 1984; Dylan Thomas, „Porträt des Künstlers als junger Hund", München: Hanser 1994, Frankfurt: Fischer TB 1995; Dylan Thomas, „Unter dem Milchwald", München: Hanser 1996, Stuttgart: Reclam.

Die Maler

Wales war (neben dem englischen Lake District und dem schottischen Hochland) *das* Ziel von Schriftstellern und Malern, die wilde Natur und kraftvolle Menschen porträtieren wollten. Das begann bereits im 18. Jh., als man bemüht war, Burg- und Abteiruinen, Schafe und die Landbevölkerung möglichst pittoresk ins Bild zu setzten. Die Romantiker folgten. Allein William Turner reiste fünfmal durch Wales. Mit zahllosen Skizzen und Gemälden zitierte er ausdrücklich einen Waliser, der als Vater der britischen Landschaftsmalerei gilt: Richard Wilson (1714 bis 1782) verstand es als erster, die Natur als Fiktion wiederzugeben. Berühmt oder reich wurde er dadurch allerdings nicht. Wie viele andere musste auch er nach London gehen, um überhaupt Aufträge zu erhalten.

In Pembrokeshire geboren, aber Stars der Londoner Salons waren Augustus John (1878–1961) und seine Schwester Gwen (1876–1939), er lange Zeit Porträtist der englischen Highsociety, dann Vertreter einer Avantgarde, sie mit Rilke befreundet und von Rodin geliebt. Rühren da nicht manche Einwanderer eher ans walisische Ich, etwa Eric Gill mit seiner Künstlerkommune in Capel-y-Ffin (s. S. 62), David Jones mit seinen Artus- und Mabinogi-Motiven oder Jack Crabtree mit seinen überdimensionalen Bergmännern? Ihnen verwandt ist Kyffin Williams (geb. 1918) auf Anglesey, der die Schönheit, aber auch Härte der walisischen Landschaft in großen stimmungsvollen Arbeiten einfängt.

Bekanntester walisischer Künstler des 20. Jhs. wurde Ceri Richards (1903 bis 1971). Das harte Leben der walisischen Bergleute und Stahlarbeiter ist auch sein Sujet, doch finden sich in den abstrakten und surrealistischen Bildern zudem keltische Symbole. Überdies entwarf der Künstler Bühnenbilder und Kirchenfenster und illustrierte Dylan Thomas' Werk mit Lithographien.

Tipp Bilder von Ceri Richards sind im Nationalmuseum in Cardiff (s. S. 30) und in der Glynn Vivian Art Gallery in Swansea (s. S. 40) zu sehen.

Die heutige Kulturszene in Wales ist so vielfältig wie die jeder anderen europäischen Region. Es gibt zwei große Orchester in Cardiff, eine Oper, die im Millennium Centre von Cardiff Bay ihre Heimat finden wird, und Musikgruppen aller Stilrichtungen, die Englisch oder Walisisch singen. Auch viele junge Schriftsteller, Dramatiker und Schauspieler bedienen sich beider Sprachen. Und anders als in früheren Jahren müssen sie heute nicht erst auswandern, um Erfolg zu haben.

Feste, Veranstaltungen

Ende Mai bis Anfang Juni: St. David's Kathedralenfest mit klassischer und moderner Musik, St. David's

Juni/Juli: Llangollen International Musical Eisteddfod, Llangollen

August: Royal National Eisteddfod, 2000 in Llanelli, 2001 im Norden, 2002 in St. David's; Vale of Glamorgan Festival, Grafschaft South Glamorgan

August/September: Victorian Festival, Llandrindod Wells, Powys

Bara Brith und Laverbread

Britische Kochkunst wird selten gelobt. Doch Wales bemüht sich erfolgreich, Urteile von gestern durch eine zeitgemäße Küche gegenstandslos zu machen. Natürlich wird man auch weiterhin Fish-'n'-Chips-Läden finden, bei denen das Gargut im Fett von letzter Woche schwimmt, doch bietet ein ständig wachsendes Angebot an gesunder, leichter Kost leckere Alternativen.

Die Voraussetzungen sind in Wales geradezu ideal, denn meist stehen die Zutaten sozusagen vor der Haustür. Das beliebteste Fleischgericht – ein Blick auf die Weiden verrät es – ist Lamm, zubereitet auf traditionelle Art mit Pfefferminzsauce oder mit frischen, knackigen Gemüsen und Kartoffeln. Neben dem walisischen Nationalgemüse, dem Lauch, findet man auch mitteleuropäische und südliche Varianten wie Paprika, Zucchini und Auberginen.

Bara Brith: getrocknete Früchte, Mehl, brauner Zucker, Ei ...

Alternativen zum Fleisch sind Fisch und Meeresfrüchte. Hummer werden in Cardigan Bay gezüchtet; Austern und Muscheln kommen aus Anglesey; und eine Spezialität der Halbinsel Gower sind *cockles,* winzige Muscheln, die täglich bei Ebbe aus dem Schlamm gebuddelt und auf dem Markt von Swansea feilgeboten werden. Eine andere Gaumenfreude kommt ebenfalls aus dieser Gegend: *laverbread,* der berühmte Seetang. An Felsen wächst hier eine „großblättrige" Art, die gesammelt, gewaschen, kleingehackt und etwa zwei Stunden gekocht wird. Dabei entsteht ein salziger schwarzer Brei, den man pur essen kann oder mit grobem Hafermehl in der Pfanne aufbrät – zum Beispiel morgens zum Frühstück.

Neben Seefischen findet man im Land der Flüsse und Bäche natürlich auch Forellen und Lachs auf der Speisekarte.

Muscheln aus Anglesey

Seetang sollte man ruhig kosten

BARA BRITH UND LAVERBREAD

Empfohlen wird zum Abschluss der Mahlzeit walisischer Käse: Der Caerphilly ist der bekannteste, vor allem in Dyfed im Südwesten werden aber auch phantasievolle Varianten aus Kuh-, Schafs- und Ziegenmilch hergestellt.

Dass die walisische Küche im bäuerlichen Familienbetrieb wurzelt, erkennt man an ihrer Backtradition: Die *Welsh cakes*, kleine Küchlein aus Ölteig mit Rosinen und Korinthen, sind englischen *scones* nicht unähnlich.

Sehr üppig dagegen das *bara brith,* ein Früchtebrot, bei dem man ein Pfund getrocknete Früchte über Nacht einweicht. Der Teig besteht aus einem Pfund Mehl, sechs Essöffeln braunem Zucker, zwei Esslöffeln Orangenmarmelade sowie einer Gewürzmischung. Waliser streichen am liebsten gesalzene Butter darauf und essen Käse dazu.

Stützen kann sich die neue walisische Küche auf eine ganze Reihe junger Köche in Häusern, die oft geschmackvoll alt und neu verbinden. Da lohnt es sich, Bed & Breakfast mit einem Dinner am Abend vorher zu verbinden. Am Morgen steht dann ein *full cooked Welsh breakfast* bereit: mit Schweinespeck *(bacon),* Würstchen *(sausage;* manchmal sogar aus Lammfleisch), frischen Pilzen, Tomaten und Eiern, die man als Spiegelei *(fried),* Rührei *(scrambled)* oder gekocht *(boiled)* bekommen kann. Vorher gibt es Saft, Obst und *cereals* wie Cornflakes oder Müsli und nachher Toast und *marmalade* – damit ist immer Orangenmarmelade gemeint, die andere heißt *jam* oder *jelly* (Gelee).

Übliche Essenszeiten:

Frühstück: 8–9 Uhr

Lunch: 12–14 Uhr

Dinner: 19–21 Uhr

Viele Restaurants haben nachmittags geschlossen.

Im Pub

Flexibler sind hingegen die Pubs geworden, deren legendärer Glockenschlag zu den *last orders* jetzt weitgehend dem Ermessen des Wirts überlassen bleibt. Viele Pubs bieten inzwischen auch Essen an, doch handelt es sich hierbei fast immer um vorgekochte, in der Mikrowelle aufgewärmte Gerichte.

An der Bierfront wiederum sieht es besser aus. Alle Bemühungen, durch metrisch geeichte Gläser das *pint* zu verdrängen, sind bisher gescheitert; und auch der Inhalt ist schmackhafter geworden, denn es gibt eine Renaissance des *real ale,* das unter wenig Zusatz von Kohlensäure abgefüllt wird und deshalb mit Handpumpen ins Glas befördert werden muss. Es ist zudem nur begrenzt transportfähig und haltbar, sodass vor allem regionale und lokale Marken ihre Chance haben. Wenn Sie an der Theke stets das *local ale* ordern, werden Sie im Laufe Ihres Urlaubs erstaunliche Geschmacksnuancen entdecken.

Die Sitten sind natürlich die alten geblieben. Die *public bar* ist eher die Männerdomäne, wo es hauptsächlich ums Trinken geht, während die Damen in die oft plüschige *lounge* geführt werden, in der man auch essen kann. Bestellt und sofort bezahlt wird alles an der Theke; Trinkgeld gibt man dort nicht. Also, *iechyd da!*

Erstaunlicherweise findet man auf manchen Weinkarten der Restaurants walisische Weine! Ein Beleg für auch sonnige Stunden und das starke Bemühen der walisischen Lebensmittelindustrie, neue Produkte auf den Markt zu bringen. Der Weißwein ist meist trocken und von durchaus akzeptabler mittlerer Qualität.

Immer beste Qualität garantiert walisisches Mineralwasser, in großen Plastikflaschen für unterwegs, aber auch in edlen Designerflächchen für die festliche Tafel.

Unterkunft

Bed and Breakfast heißt das Zauberwort für gemütliche, familiäre Übernachtungen. Viele B & Bs bieten Abendessen an und lassen sich vom Tourist Board überprüfen. Dieses listet die Häuser auf, gibt Empfehlungen und verteilt eine bis fünf Kronen für die Qualität. Die Häuser selbst unterscheiden sich sehr: vom Reihenhaus in der Stadt über das einsame Farmhaus, vom alten Herrenhaus bis zum Landhotel oder umgestalteten Schloss.

Die Preise gelten in der Regel pro Person und Nacht im Doppelzimmer mit ausgiebigem Frühstück; für Einzelzimmer wird oft ein Zuschlag fällig. Einige große Hotels berechnen aber auch die Übernachtungspreise pro Zimmer.

Vor allem an den Küsten können fest installierte Wohnmobile auf riesigen Campingplätzen gemietet werden. Es gibt aber auch genügend Plätze für das eigene Wohnmobil oder Zelt. Die Mehrzahl der Anlagen ist ebenfalls vom Tourist Board inspiziert und im Verzeichnis *„Touring Caravan & Camping"* bewertet.

So vielfältig wie das Land sind auch seine 46 Jugendherbergen: einfache Bauernhäuser, aber auch moderne Zweckbauten. Unterkunft finden nur Mitglieder, dafür sind die Übernachtungen preiswert; allerdings muss man am Morgen einen kleinen Dienst verrichten. Das Verzeichnis der *Youth Hostels Ass. of England and Wales* beschreibt sämtliche Herbergen und ihre Lage: YHA Wales, 1 Cathedral Rd., Cardiff CF1 9HA, ☏ 0 12 22/ 39 67 66, 🖷 23 78 17.

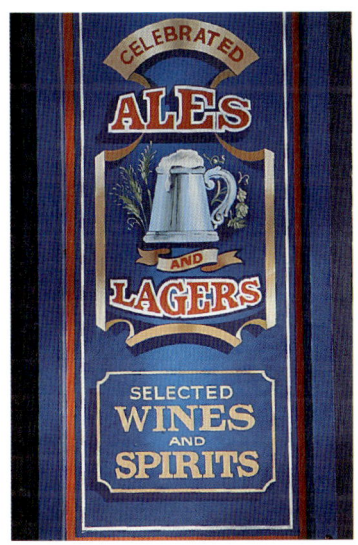

Einladung ins Pub

Angenehme Ruh!

Landhotel Penmaenuchaf Hall bei Dolgellau

Urlaub aktiv

Über 20 Sportarten informiert die Broschüre „Activity Wales", die beim Wales Tourist Board in Cardiff (s. S. 93) erhältlich ist. Wer es geruhsam angehen lassen will, kann an zahlreichen Bächen und Flüssen beim **Angeln** entspannen. Das Angeln im Meer ist frei, doch für die Binnengewässer benötigt man eine meist vor Ort erhältliche Lizenz. Informationen bei der National Rivers Authority (Plas-yr-Afon, St. Mellons, Cardiff CF3 0LT, ☏ 0 12 22/77 00 88).

Wesentlich aufregender geht es beim **Surfen und Wellenreiten** zu, die Winde tragen atlantische Brecher an die Südküste und in Bereiche der Cardigan Bay. Empfehlungen und Tipps hat die British Surfing Association (Champions Yard, Penzance, Cornwall TR18 2SS, ☏ 0 17 36/6 02 50) parat.

Ähnliches gilt fürs **Segeln.** Es gibt öffentliche Sliprampen und zahlreiche Segelklubs, die auch Jachten vermieten oder Kurse anbieten. Zuständig für Auskünfte ist die Royal Yachting Ass. (Romsey Rd., Eastleigh, Hampshire SO50 9YA, ☏ 0 17 03/62 99 62).

Tipp! Ein bekanntes Wassersportzentrum im Binnenland ist der Bala Lake mit Kursen sowie Gerät- und Ausrüstungsverleih: Bala Adventure and Watersports Centre (Bala, Gwynedd LL23 7 SR, ☏ 🚋 0 16 78/52 10 59).

Wales bietet auch echte **Strandfreuden:** in zahllosen Buchten, im oft noch unberührten Sand zwischen Barmouth und Harlech sowie an der Nordküste. Über die Wasserqualität gibt der „Clean Beach Guide" des Wales Tourist Board Auskunft.

In den Brecon Beacons sowie in Mittelwales scheint **Reiten** die einzig angemessene Fortbewegungsart zu sein. Vom Ponytrekking bis zu Reiterhof-Ferien gibt es zahllose Angebote für Jung und Alt. Näheres erfährt man von der Wales Trekking and Riding Ass. (Standby House, 9 Nevill St., Abergavenny NP7 5AA).

Wer sich lieber auf die eigene Muskelkraft verlässt, kann Wales beim **Wandern** oder mit dem **Fahrrad** erkunden – von leichten Touren bis zur Besteigung des Snowdon ist für jede Kondition etwas geboten (vgl. Routen).

Oft führen die Wege über Privatgrund. Bitte beachten Sie deshalb den *country code,* nehmen Sie Ihre Abfälle mit und schließen Sie alle Gatter. Informationen bei: Ramblers' Ass. in Wales, Ty'r Cerddwyr, High St., Gresford, Wrexham LL12 8PT, ☏ 0 19 78/85 51 48.

Golf ist ebenfalls sehr beliebt; Besucher sind – in der Regel jedoch nur mit Handicap und in akzeptabler Kleidung – an einzelnen Tagen zugelassen. Präzisere Hinweise: Welsh Golfing Union, Catsash, Newport NP6 1JQ, ☏ 0 16 33/43 08 30.

Eine völlig neue Perspektive bietet der Blick von oben, gemütlich aus dem **Ballon** (Balloons Over Wales, 14 Swansea Rd., Penllergaer, Swansea SA4 IAQ, ☏ 0 17 92/89 93 33) oder indem man sich wagemutig von Klippen oder Berghängen stürzt (The British Hang Gliding and Paragliding Ass., The Old Schoolroom, Loughborough Rd., Leicester LE4 5PJ, ☏ 0 11 62/61 18 78).

Vogelbeobachtung ist eine britische Leidenschaft. In Pembrokeshire werden Ausflüge zu den Vogelschutzinseln angeboten, doch auch sonst sind die felsigen Küsten beliebte Plätze der Vogelbeobachter. Informationen beim walisischen Ableger der Royal Society for the Protection of Birds (RSPB, Bryn Aderyn, The Bank, Newtown, Powys SY16 2AB, ☏ 0 16 86/62 66 78).

Auch Schlösser und Burgen, Herrenhäuser und Gärten sind einen Besuch wert. Die meisten werden in Wales von der regionalen Kulturorganisation

URLAUB AKTIV

Cadw (sprich „Kadu"; Welsch Office, Crown Buildings, Cathays Park, Cardiff CF1 3NQ, ☏ 0 12 22/50 02 00) oder von National Trust (Office for Wales, Trinity Sq., Llandudno LL30 2DE, ☏ 0 14 92/ 86 01 23) verwaltet. Beide Organisationen bieten auch kurzzeitige Mitgliedschaften bzw. 3- oder 7-Tage-Pässe an, die zu freiem oder ermäßigtem Eintritt berechtigen.

Rugby als Ersatzreligion

Zweimal im Jahr richten sich aller Augen auf den National Ground im Cardiff Arms Park inmitten der Stadt, aus dem Gesänge, Schmerz- oder Jubelschreie durch die Hauptstadt hallen – und wenn man genau hinhört, durchs ganze Land. Denn zweimal im Jahr wird hier das Heimspiel der Rugby Internationals ausgetragen. An diesem Turnier nehmen außer Wales noch England, Schottland, Irland und Frankreich teil.

Die Engländer behaupten (typisch!), Rugby sei 1823 in der gleichnamigen englischen Stadt erfunden worden; dabei gibt es Belege, dass bereits 1603 die Einwohner zweier Dörfer in Wales ein mehrere Stunden dauerndes wildes Ballspiel über Stock und Stein veranstalteten, um sich anschließend in den Armen zu liegen und reichlich Bier zu trinken. Na also! Heute ist Rugby ein Spiel für schnelle und kräftige Männer, 15 in jeder Mannschaft, die einen eiförmigen Lederball hinter einer Linie im sog. Malfeld ablegen müssen. Dafür gibt es eine Anzahl von Punkten, die man noch erhöhen kann, wenn man besagtes Ei anschließend zwischen den beiden senkrechten Stangen und über die Querlatte des Tores schießt. Das hört sich einfacher an, als es ist, denn die schnellen, kräftigen Männer der jeweils anderen Mannschaft reißen einen gerne, wo immer es auch geht, zu Boden, um jenes Ablegen und zu verhindern. Und dann gibt es noch ein paar andere Regeln, so darf man das Ei nur nach hinten werfen, aber nach vorne schießen, doch wir wollen es nicht zu kompliziert machen.

Denn eigentlich ist es ganz einfach: Die Rothemden (= Waliser) müssen zum Schluss nur mehr Punkte haben als die anderen, dann ist die Welt in Wales an diesem Tag in Ordnung. Um dies sicherzustellen, beginnen die 60 000 Besucher schon am frühen Morgen, sich reichlich Bier einzuflößen, denn das ölt die Kehle, und Singen ist Hauptaufgabe der Zuschauer. Und zwar unabhängig davon, wer am Ende tatsächlich gewinnt; in letzter Zeit sind das häufig die anderen.

Aber in Wales wird nicht nur zweimal im Jahr Rugby gespielt, sondern praktisch an jedem Wochenende. Überall sieht man die weißen Stangen, oft improvisiert, aus Feldern aufragen, denn in einem hügeligen Land lässt sich nicht immer eine passende Wiese finden. Darum geht es auch gar nicht, denn bei einer Religion – und darum handelt es sich beim *rugger* zweifellos – regiert schließlich der Bauch und nicht der Kopf.

Und so ist nach einem International in Cardiff stets der Bär los, vor allem, wenn die Rothemden gewonnen haben. Doch wahrhafter Freudentaumel herrscht, wenn der Gegner über Offa's Dyke aus England kam; wer da den entscheidenden *try* gelegt hat, wird für alle Ewigkeit zur Ikone.

Reisewege und Verkehrsmittel

Anreise

Die verhältnismäßig lange Anreise vom Kontinent aus kann man durch einen Flug nach Manchester oder Birmingham verkürzen, wo man sich einen Mietwagen nimmt, der das Steuerrad auf der landesüblichen Seite hat.

Züge fahren von Euston Station in London über Chester und dann die Nordküste entlang nach Holyhead; oder über Shrewsbury nach Aberystwyth und dann die Küste nordwärts, über Harlech und Porthmadog nach Pwllheli. Von Paddington Station aus gelangt man über Cardiff und Swansea bis nach Fishguard.

Tipp Wer häufiger mit der Bahn fahren möchte, sollte sich einen „Flexi Pass" besorgen, der für unterschiedliche Zeiten und Regionen gilt und zudem zu Rabatten bei Sehenswürdigkeiten, Museen, Stadtrundfahrten und auf einigen Schmalspurbahnen berechtigt. Erhältlich an Bahnhöfen. Infos: ☎ 03 45/48 49 50

Viele Besucher werden mit dem eigenen Auto anreisen. Die meisten gehen im Süden an Land, umkurven London und fahren dann auf der Autobahn M 4 nach Südwales. Über die neue, im Juni 1996 eingeweihte Brücke über den Severn kommt man auf schnellstem Wege in die Zentren des Südens. Die alte Severn-Brücke liegt jetzt an der M 48 (beide Brücken kosten Maut) und bringt einen nach Chepstow, wo Route 2 dieses Führers startet. Alternativ bietet sich die Anreise vom Norden her an: Von Rotterdam oder Zeebrügge fährt man mit der Nachtfähre nach Hull, durchquert England auf der M 62 und ist bald auf dem North Wales Expressway (A 55M).

Reisen im Land

Die schönsten Sehenswürdigkeiten sind meist recht abgelegen und mit öffentlichen Verkehrsmitteln kaum zu erreichen. Deshalb wird man fast zwangsläufig auf ein Auto zurückgreifen und sollte sich mit einer guten Straßenkarte (die Straßennummerierung ist wichtig!) wappnen. In Wales herrscht Linksverkehr. Statt mit Ampeln wird hier der Verkehr lieber durch Kreisverkehr *(roundabout)* geregelt, in dem „rechts vor links" gilt, was den Fahrzeugen im Kreis Vorfahrt gewährt. Man sollte bei der Einfahrt und im Kreis die Spur halten.

Tempolimits
Ortschaften: 30 mph (48 km/h)
Landstraßen: 60 mph (96 km/h)
Autobahnen: 70 mph (113 km/h)

Gelbe Linien am Fahrbahnrand verbieten das Parken (einfache Linie) bzw. das Halten (doppelte Linie).

Straßen, Orte und vor allem die Sehenswürdigkeiten sind gut ausgeschildert, manchmal aber nur mit den Straßennummern. Die großen Verbindungsstraßen sind mit A gekennzeichnet, Nebenstraßen haben vorne ein B, dann folgt eine vierstellige Nummer. Alle Richtungs- und Ortsschilder in Wales sind zweisprachig – englisch und walisisch –, was sie manchmal etwas unübersichtlich macht, zumal in einigen Gegenden der englische Name oben steht, in anderen der walisische.

Viele walisische Nebenstraßen, sind einspurig und nicht für Wohnmobile, Autos mit Anhängern oder sonstige große Gefährte geeignet. Auf diesen Straßen ist es *nicht* üblich, vor jeder Kurve zu hupen.

Blick in die Markthalle von Cardiff

Cardiff

Die junge Hauptstadt

Cardiff entwickelt sich immer mehr zu einer echten Metropole. Einst wegen ihrer viktorianischen Architektur bei den Walisern als „zu englisch" unbeliebt, überwiegt jetzt das moderne Element, die bunte Kulturszene, die guten Einkaufsmöglichkeiten im Zentrum und der riesige Freizeitpark von Cardiff Bay, der bald von Hotels bis Museen für jeden etwas bietet. Zwei bis drei Tage werden sich auch Besucher hier vergnügen können.

Stadtgeschichte

Schon die Römer haben in der Nähe der Taff-Mündung eine Festung gebaut, die Normannen wählten dieselbe Stelle – Relikte beider Bauten finden sich im heutigen Castle. Doch eine bedeutende Stadt war Cardiff weder damals noch im späten Mittelalter. Erst als in den Valleys Kohle abgebaut wurde, erlebte der Ort ein rasantes Wachstum – auf Betreiben des Marquess of Bute, der das Cardiff des 19. Jhs. schuf.

1801 stand hier noch ein Fischerdorf mit 1000 Einwohnern; 1851 waren es schon 30 000, 1901 bereits 164 000, 1931 dann 227 000; und heute leben 316 000 Menschen in der Stadt. Diesen Aufschwung verdankte Cardiff seinem Hafen, von dem aus im Spitzenjahr 1931 10,5 Mio. Tonnen Kohle in alle Welt verschifft wurde. Zweiter Faktor war die hervorragende Infrastruktur: Die Butes bauten 1794 den ersten Kanal aus den Valleys, 1839 die immer größer werdenden Docks und ab 1845 eine Eisenbahnstrecke bis kurz vor die Wasserlinie.

An der Wende zum 20. Jh. zeigte man dann seinen Reichtum, baute die prächtigen Verwaltungsbauten von Cathay's Park als relativ geschlossenes viktorianisches Ensemble, die Einkaufspassagen und langen Reihenhäuserzeilen, welche bis heute das Stadtbild prägen. Doch nach dem Rekordjahr 1931 ging es ökonomisch bergab. Mit den Zechen schlossen auch die Docks. Heute ist Cardiff eine Büro- und Verwaltungsstadt. Dabei ist die bürokratische Tradition der Stadt nicht alt: Erst 1905 erhielt sie das Stadtrecht, und 1955 wurde sie Hauptstadt von Wales.

Das Repräsentationszentrum

In **Gorsedd Gardens** – so benannt nach der Steinkreiszeremonie des *eisteddfod* von 1899 – führt ein Weg zwischen Hecken und bunten Blumenrabatten zu *Cathay's Park. Nachdem die Familie Bute das Gelände an die Stadt verkauft hatte, wurden hier ab 1898 die Pläne für ein repräsentatives Zentrum in die Tat umgesetzt. Nacheinander entstanden die großen, spätviktorianisch-neoklassizistischen Bauten aus weißem Portlandstein.

Ganz rechts ragt seit 1927 die Kuppel des säulengeschmückten ****National Museum and Gallery** ❶ auf. Es stellt Wales recht umfassend vor: Naturgeschichte, Botanik, Menschen und Umwelt, Kunstwerke von mittelalterlichem Schmuck bis zur Moderne. Höhepunkt ist die Gemälde- und Skulpturengalerie, vor allem wegen der Werke bedeutender Impressionisten und Postimpressionisten aus der Sammlung der Schwestern Gwen und Margarete Davies (◯ Di-So 10–17 Uhr; Mo geschl.).

Zwischen Museum und den *Law Courts* (Gerichtsgebäude) prangt die ***City Hall** ❷; auf der Kuppel ihres 59 m hohen, mit Steinmetzarbeiten verzierten Uhrenturms fletscht ein flügelspreizender Waliser Drache die Zähne. Zu Bürozeiten kann man einfach ins Rathaus hinein- und in den ersten Stock hinaufgehen. Von dort erschließt sich ein unverstellter Blick auf die Galerie walisischer Nationalhelden, die als Statuen beide Treppenaufgänge säumen: der hl. David (Dewi Sant) genauso wie der mittelalterliche Herrscher und Gesetzesgeber Hywel Dda, Giraldus Cambrensis (s. S. 55), Llywelyn, der letzte walisische Prince of Wales, der Barde Dafydd ap Gwilym, der Rebell Owain Glyndwr und der König Henry Tewdwr (Heinrich VII.).

Viktorianische Häuserzeilen zeugen vom einstigen Reichtum

An der City Hall vorbei gelangt man zum eigentlichen Zentrum des Ensembles, Alexandra Garden: Links, gegenüber den Law Courts, residiert die Polizei, daneben die Verwaltung der Universität, es folgen die Glamorgan County Hall (1912), in der hinter korinthischen Säulen die Region verwaltet wird, und ein weiteres Unigebäude. Der *Temple of Peace* feiert die Vision des Völkerbundes von Henry Richards aus Tregaron; das Einweihungsdatum 1938, ein Jahr vor Ausbruch des Zweiten Weltkriegs, wirkt da fast grotesk.

Hort der Künste: National Museum and Gallery

Die schmale Nordflanke wird vom *Welsh Office* ❸ beherrscht, in dem die Verwaltung des für Wales zuständigen Londoner Ministers arbeitet – das Gebäude wurde ebenfalls 1938, als *Temple of Health,* fertig gestellt. Universitätsbauten verschiedener Epochen begrenzen die Ostseite des Karrees.

Bute Park und
** Cardiff Castle

Auf der anderen Seite der North Road lädt Cardiffs grüne Lunge, der **Bute Park** zum Spaziergang ein. Überquert man den Boulevard de Nantes, kann man am Kanal entlang zu einer Brücke spazieren, nach der man sich links wendet und so zum Ausgang Castle Street gelangt. Die Burg wird hier von der **Animal Wall** begrenzt, einer 2 m hohen Zinnenmauer, über die alle paar Meter ein steinernes Tier lugt.

Außen und innen eindrucksvoll: Cardiff Castle

CARDIFF

Sie führt zum Black Tower, dem Eingangstor des **Cardiff Castle** ❹. Hier bauten die Römer ihre Festung und die Normannen einen Steinturm *(The Keep)* auf einem künstlichen Hügel. Vom 13. Jh. an wurde die Burg erweitert und durch Mauern befestigt, doch nach dem Bürgerkrieg im 17. Jh. verfiel sie, bis die Familie Bute sie Ende des 18. Jhs. kaufte. Im Auftrag des dritten Marquess of Bute gestaltete der Architekt William Burges die Anlage von 1869 bis 1873 zu einem sehenswerten Märchenschloss mit mittelalterlichen Elementen um (◯ tgl.: März–Okt. 9.30 bis 18 Uhr, Nov.–Febr. 9.30–16.30 Uhr).

Der Rundgang beginnt im Raucherzimmer mit Darstellungen zum Thema Zeit an den Wänden. Es folgt ein typisches spätviktorianisches Kinderzimmer, in dem die Gouvernante die Kinder erzog; dazu dienten auch die Märchen- und Legendendarstellungen auf den Kachelwänden. Eindrucksvoll ist der neomittelalterliche Bankettsaal, wo man unter einer Balkendecke mit schwebenden Engeln tafelte. Die Wandgemälde schildern das Leben von Robert the Consul, Duke of Gloucester, einem Enkel Wilhelm des Eroberers. Über die Wendeltreppe im Turm erreicht man das luxuriöse Schlafzimmer, zu dem ein für die Zeit erstaunlich modernes, mit 60 verschiedenen Marmorsorten gekacheltes Bad gehört; der Dachgarten ist einer römischen Villa nachempfunden. Ganz unten im Turm zieren Motive aus dem Alten Testament das Esszimmer der Familie. – Unter der Außenmauer sind Reste der römischen Mauer zu sehen, ein langes Relief informiert über das Leben der Römer; außerdem stehen auf dem Gelände zwei Militärmuseen.

Arkaden und Kultur

Nun wird es aber Zeit, sich die Stadt anzusehen, die viele viktorianische Elemente aufweist; unter anderem sieben überdachte zweistöckige Einkaufspassagen mit holzgefassten Schaufenstern, Buntglasdekor und gusseisernen Dachkonstruktionen. Sie alle wurden in den letzten Jahren entweder umgebaut oder aufwändig renoviert, sodass sie wieder in frischem Glanz erstrahlen. Die **Castle Arcade** ❺ mit ihren Balkonen eine der schönsten; sie knickt zur High Street ab, die mit der Verlängerung St. Mary Street *die* Haupteinkaufsstraße der Stadt bildet.

Die Church Street leitet zur spätmittelalterliche Kirche **St. John** ❻, deren normannischer Turm (1473) mit 40 m ungewöhnlich hoch und sehenswert ist.

Schräg gegenüber der Kirche führt ein breiter gusseiserner Eingang in die ***Market Hall** ❼, auch ihre Dachkonstruktion aus Gusseisen. Oben vom umlaufenden Balkon der Halle hat man den besten Blick auf die bunte Mischung aus Lebensmittel-, Haushaltswaren- und Textilständen und den Uhrenturm in der Mitte, der Beginn und Ende der Verkaufszeit anzeigt.

Die Markthalle nimmt fast die gesamte Breite zwischen Trinity Street und High Street ein, von der links die **Morgan Arcade** und die **Royal Arcade** ❽ (1856) abzweigen. Schließlich erreicht man eine große Kreuzung, die eine Statue des großen Bauherrn, John Marquess of Bute, beherrscht. Links biegt hier die Mill Lane ein, durch die man, vorbei am Tabernacle, einer methodistischen *chapel,* zur Einkaufsstraße The Hayes gelangt, in die die oben erwähnten Arkaden münden. Sie führt auf einen kleinen begrünten Platz am südlichen Ende der Fußgängerzone zu. Die Fassade der ebenfalls viktorianischen ***Old Library** ❾ an der Nordseite, heute ein Kulturzentrum, schmücken eine Büste der Göttin Athene sowie Allegorien der Schrift, der Literatur, der Druckkunst, der Rhetorik und des Studiums.

Tipp Zahlreiche moderne Restaurants, Pubs und Straßencafés haben die nach Süden verlaufende, verkehrsberuhigte **Mill Lane** zur Fla-

CARDIFF

niermeile vom Lunch bis spät in den Abend gemacht.

 St. David's Hall, das moderne Kulturzentrum der Stadt nahe der Old Library, ist direkt verbunden mit einem gigantischen Einkaufszentrum gleichen Namens, wo Sie weitere Stunden in Auslagen schwelgen können.

Cardiff Bay

Von dem kleinen Platz an The Hayes fährt auch der Bus nach **Cardiff Bay** ab. Der alte Hafen wird bis zum Jahr 2002 zu einem großen Freizeitzentrum ausgebaut. Dafür wurde die Einfahrt zur Bucht mit einem Damm verschlossen, wodurch ein großer Süßwassersee entstand. Ein großes Kulturzentrum für Opern, Musicals und Tanz und das Gebäude des neuen Parlaments, der Welsh Assembly, sind gerade im Bau. Modelle kann man im **Visitors Centre** ❿, einer

❶ National Museum and Gallery
❷ City Hall
❸ Welsh Office
❹ Cardiff Castle
❺ Castle Arcade
❻ St. John
❼ Market Hall
❽ Morgan Arcade / Royal Arcade
❾ Old Library

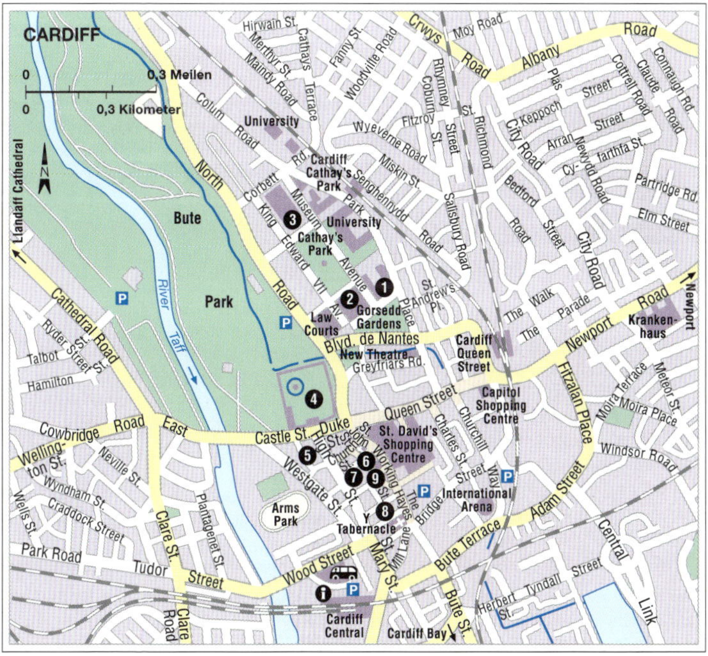

Polyglott 33

CARDIFF

futuristisch anmutenden Röhrenkonstruktion, studieren.

 Auch am Abend ist in Cardiff Bay etwas los. Zum Beispiel in der **Atlantic Wharf,** einem großen Freizeitkomplex mit Kinos, Bowling, Bars und Restaurants.

Direkt am Ufer von Cardiff Bay erstrahlt in frischem Weiß die **Norwegian Church** ⓫, 1867 von norwegischen Seeleuten ganz aus Holz erbaut und noch bis in die 60er Jahre von Matrosen genutzt. Danach verfiel die Kirche, bevor man sie mit Unterstützung des Autors Roald Dahl, der hier getauft wurde, zu einem Kulturzentrum mit Café umbaute (◯ tgl. 10 bis 16 Uhr; ☎ 0 12 22/45 48 99).

Nun schlendert man, an der Hafenpromenade vorbei, zum **Pierhead Building** ⓬, das die Bute Docks Co. 1896 aus rotem Sandstein im Stil der Zeit errichtete. Heute nutzt es die Hafenverwaltung als Bürogebäude.

Nebenan erinnert ein keltischer Bronzering des Bildhauers Harvey Wood daran, dass hier die Bahnlinie zwischen Hafen und Kohletälern begann. Die Technik der Kohleförderung wird im **Industrial and Maritime Museum** ⓭ näher erläutert: Große Maschinen sind in Aktion, während draußen ein Dampfschlepper, ein Rettungsboot, eine Lokomotive, Straßenbahnen und historische Autos ausgestellt sind.

 Einige Schritte weiter kann man sich dann bei **Harry Ramsden's** ⓮ mit Fisch und Fritten stärken. 1928 eröffnete Harry seinen ersten *Fish-'n'-Chips*-Laden in der Nähe von Leeds. Leicht viktorianisch angehaucht ist er jetzt auch am Hafen von Cardiff angekommen. Montags gibt es hier im Sommer sogar Opernvorträge, dienstags Jazz, da sollte man besser reservieren (Stuart St., ☎ 46 33 34; ◯ tgl. 11.30–23 Uhr).

Jetzt steht noch – ein Muss vor allem für Kinder – der anstrengende Besuch im **Techniquest** ⓯ auf dem Programm, wo technische Phänomene selbst entdeckt und untersucht werden können, was mit beträchtlichem Lärm verbunden ist (Mo–Fr 9.30–16.30 Uhr, Sa/So 10.30–17 Uhr).

Auch das einst von Seeleuten und Hafenarbeitern dominierte Quartier nördlich der Hafenanlagen soll zu neuem Leben erweckt werden. Besonders auffällig ist hier das pompöse **Coal Exchange Building** ⓰ aus dem Jahr 1884 am Mount Stuart Square, in dem – wie heute an der Börse – Kohle gehandelt und zu Beginn des 20. Jahrhunderts der weltweit erste einzelne Abschluss in Höhe von über einer Million Pfund getätigt wurde.

Tipp Jeden Sonntag um 14.30 Uhr startet der Historiker Neil Sinclair zu einem informativen einstündigen Rundgang durch das historische Hafenviertel; Start am Besucherzentrum; Infos: ☎ 0 12 22/46 38 33.

Wesentlich prosaischer ging es in den umliegenden Straßenzügen zu, die Gegend hieß nicht von ungefähr „Tiger Bay". Hier gaben früher die Freizeitbedürfnisse der Seeleute den Ton an; einige der historischen Pubs haben nach einer Generalüberholung wieder ihre Pforten geöffnet. In dem von Menschen aus zahlreichen Ecken des Globus bewohnten Viertel kam übrigens auch die Sängerin Shirley Bassey zur Welt.

Einen kurzen Ausflug sollte man auch zur ***Llandaff Cathedral,** etwa 3 km nördlich des Zentrums, unternehmen. Bescheiden liegt die Kathedrale (einer der vier Bischofssitze von Wales) in einer Senke neben dem Dorfplatz des Ortes mit steinernem Marktkreuz und der Ruine eines Glockenturms aus dem 13. Jh. Schon im 6. Jh. soll der keltische Missionar Teilo hier ein Kloster gegründet haben, an das im südlichen Chor ein Hochkreuz aus dem 10. Jh. erinnert. Im 12. Jh. entstand eine normannische Kathedrale, die später erweitert und im 15. Jh. mit dem mächtigen Nordwestturm ergänzt wur-

34 Polyglott

CARDIFF

de. Der heute umstrittenste Teil der Kirche wurde beim Wiederaufbau der 1941 durch eine deutsche Bombe stark zerstörten Kirche eingefügt: Statt des Lettners ragt seit 1957 ein hoher Betonbogen von Sir Jacob Epstein empor, der in einem zylindrischen Körper endet; darauf thront eine große Jesus-Figur aus Aluminium.

Am nordwestlichen Stadtrand zeigt in St. Fagans ein Freiluftmuseum ganz Wales auf engstem Raum: Im **Museum of Welsh Life** bieten aus verschiedenen Teilen des Landes stammende wiederaufgebaute Häuserzeilen, Bauernhöfe, Läden, Kapellen, Schulen und Werkstätten überaus lebendige Einblicke in Leben und Arbeit der Waliser, zumal verschiedene Handwerker ihre traditionellen Fertigkeiten demonstrieren (◯ tgl.: Juli–Sept. 10–18 Uhr, Okt.–Juni 10–17 Uhr).

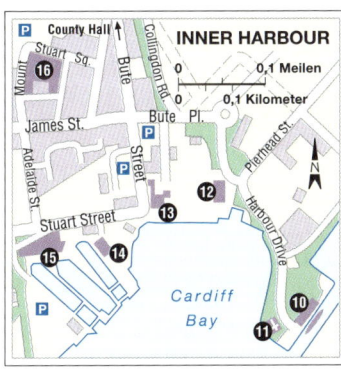

- ❿ Visitors Centre
- ⓫ Norwegian Church
- ⓬ Pierhead Building
- ⓭ Industrial and Maritime Museum
- ⓮ Harry Ramsden's
- ⓯ Techniquest
- ⓰ Coal Exchange Building

Praktische Hinweise

Umstellung der Vorwahlnummern zum 22. April 2000 auf 0 29 20. Die Durchwahlnummern bleiben erhalten.

Central Station, ☏ 0 12 22/ 22 72 81; ◯ 10–17.30 Uhr. *Stadtrundfahrt:* Eine einstündige Rundfahrt in einem offenen Doppeldecker startet jede halbe Stunde am Eingang zum Castle. Man kommt an den wichtigen Regierungsgebäuden vorbei, fährt durchs Stadtzentrum und die Bucht entlang und kann unterwegs an mehreren Haltestellen aus- und in einen späteren Bus wieder einsteigen (tgl. 10–16.30 Uhr).

Tipp Die *Cardiff Card* gilt zwischen einem und drei Tagen und berechtigt zur kostenlosen Nutzung der öffentlichen Verkehrsmittel, freiem oder ermäßigtem Eintritt zu den wichtigsten Sehenswürdigkeiten, auch in der Umgebung, und selbst Nachlässen in einigen Restaurants. Erhältlich in der Touristeninformation, den Cardiff Bus Travel Shops und der Hauptpost.

Die Norwegian Church

Im Museum of Welsh Life

Polyglott 35

CARDIFF

Cardiff Bay, Schooner Way, Atlantic Wharf, Cardiff Bay CF1 5RT, ☏ 0 12 22/47 50 00, 🖷 48 14 91. Das historische Gebäude wurde hervorragend restauriert und geschmackvoll eingerichtet. ⓢ))
Park, Park Place, Cardiff CF1 3UD, ☏ 0 12 22/38 34 71, 🖷 39 93 09. Dieses traditionelle Hotel aus dem Jahr 1883 liegt im Stadtzentrum am Rande der Fußgängerzone. ⓢ))
Sant-y-Nyll, St. Brides-super-Ely CF5 6EZ, ☏ 0 14 46/76 02 09, 🖷 76 08 97. Ein sehr persönlich eingerichtetes B & B-Haus in ruhiger, grüner Lage, 2 km nordwestlich von St. Fagans; Ausfahrt 33 der M 4. ⓢ)
Austins, 11 Coldstream Ter., Cardiff CF2 5EN, ☏ 0 12 22/37 71 48, 🖷 37 71 58. Einfaches Gästehaus im Stadtzentrum. ⓢ
Zahlreiche kleinere Hotels, Pensionen und B & Bs finden sich entlang der Cathedral Road, die westlich des Bute Park in Richtung Norden nach Llandaff führt.

Blas ar Gymru, 48 Wyverne Rd., ☏ 38 21 32. Im passenden Ambiente wird traditionelle walisische Küche serviert. So geschl. ⓢ))
New Harvesters, 5 Pontcanna St., Pontcanna, ☏ 23 26 16. Die Wirtsfamilie legt Wert auf frischeste Zutaten; Bistrostil. ⓢ)
Pandy's, Central Hotel, The Monument, St. Mary St., ☏ 39 64 55. Sehr spezielle walisische Gerichte, von Glamorgan Sausages (aus Lauch) bis zu Lamm. ⓢ)
Celtic Cauldron, 47–49 Castle Arcade, ☏ 38 71 85. Vollwertkost und walisische Gerichte nach alten Rezepten, zu Mittag und am frühen Abend (☾ im Sommer bis 21 Uhr). ⓢ
Peppermint Lounge, 34 Woodville Rd., ☏ 37 44 03. Lebhaftes Studentenlokal mit internationaler Speisekarte und Auswahl leckerer, vegetarischer Gerichte. ⓢ

Pubs: **The Golden Cross,** Ecke Custom House St./Hayes Bridge Rd. Einer der ältesten Pubs der Stadt, herrlich gelbgrün gekachelt; steht unter Denkmalschutz.
Old Orleans, Fairfax House, 18 Church St.; ☾ tgl. 11–23 Uhr. Urig mit gusseisernem Dekor eingerichtete Jazzkneipe; Cajun- und kreolische Küche.
Ye Olde Rummer Tavern, 11 Duke St. Gemütliche Bierkneipe gegenüber vom Castle.

Die beliebtesten Diskos in Cardiff sind der **Club Metro** in der Bakers Row, **The Escape** in der Westgate Street, der **Hippo Club** in der Penarth Road und **Zeus** in der Greyfriars Road.

Die **Queen Street** ist größtenteils Fußgängerzone mit Läden und Einkaufsarkaden; am östlichen Ende befindet sich das moderne Einkaufszentrum **Capitol Centre** mit Café und Food Court; zur Erinnerung an das frühere Café hat man einige Kacheln mit holländischen Motiven in die Fassade integriert.

Welsh Lovespoon Store, 1 Castle St. Der größte und der kleinste Liebeslöffel der Welt stehen nicht zum Verkauf, dafür aber zahlreiche Normalgrößen dieser vom 17. bis 19. Jh. in Wales gebräuchlichen, holzgeschnitzten Verlobungsgeschenke und andere typisch walisische Souvenirs.
Welsh Lovespoon Studio, 8 Castle Arcade. Carl Milliner bietet hier ein breites Sortiment phantasiereich handgeschnitzter Liebeslöffel feil.
Waterstone's, Ecke Wharton St./The Hayes. Hervorragend sortierter und geräumiger Buchladen.
Ffotogallery, 31 Charles St., Galerie für moderne Fotokunst und Buchladen.
The Old Brewery Shop, 46 St. Mary St. Nicht nur Alkohol, sondern auch witzige T-Shirts und andere imagefördernde Produkte der lokalen Brauerei Brain's.

Die *Welsh National Opera* tritt in Cardiff meist im New Theatre, Park Place, auf, ist aber häufig unterwegs. ☏ 0 12 22/87 88 89. Ansonsten stehen dort Theaterstücke und Shows auf dem Programm; Konzerte in St. David's Hall (s. S. 33).

Ausflug an die Küste

Ein abwechslungsreicher Tagesausflug führt die Küste entlang durch die grüne Landschaft von **Glamorgan.**

Cardiff geht im Süden beinahe in die Hafen- und Ferienstadt **Penarth** über. Die alte Uferpromenade bietet die typischen Freuden des viktorianischen Urlaubs: Gärten, Promenaden, Wechselausstellungen in einer Dependance der National Gallery und einen ins Wasser reichenden Pier. Von hier aus kann man zwischen Ostern und Oktober Tages- oder Halbtagsfahrten mit dem Schaufelraddampfer *Waverley* und der *Balmoral* unternehmen. Am Ende der Promenade beginnt ein Cliff Walk (mit Parkplatz).

Über die B 4267 gelangt man zum *Comeston Medieval Village*. Schauspieler zeigen, wie man sich das Leben im Mittelalter vorstellt. Bald ist dann über die A 4055 **Barry** erreicht, eins der typischen Strandurlaubszentren Britanniens. Interessanter ist das *Living Archive Centre* in der Memorial Hall, Gladstone Road: 100 Jahre Geschichte von Barry und des Vale of Glamorgan in Fotos, Videos und Ausstellungsstücken.

Die Route folgt dann der A 4226 nach Westen; wer sich jedoch für Falknerei interessiert, sollte 2 km gen Norden zum *Welsh Hawking Centre* (◌ tgl. 10.30–17 Uhr) fahren. Kurz hinter dem Flughafen von Cardiff beginnt die grüne Küste mit sandigen Buchten und einem Wanderweg von West Aberthaw bis Southerndown.

Über die A 48 geht die Rückfahrt recht zügig. In *Dyffryn (◌ Apr.–Okt. tgl. 10.30–20 Uhr) locken dann ein großer Landschaftspark und ein Botanischer Garten des Herrenhauses aus dem 17. Jh. Man biegt in St. Nicholas nach Süden ab und kommt auf dem Weg zum Garten auch an **Tinkinswood** vor-

Immer wieder Gelegenheit zur Pause und Stärkung

Freizeitkapitäne gehen gern im Hafen von Cardiff vor Anker

Am 5. August 1645 besuchte König Karl I. Llancaiach Fawr

CARDIFF

bei, einer etwa 6000 Jahre alten megalithischen Grabkammer.

Man kann sich auch hinter Bovilston von der A 48 nach Norden wenden und, was man in Wales kaum vermuten würde, im **Weingut Llanerch** (Hensol, Pendoylan, ☏ 0 14 43/22 58 77), darf man den vor Ort gekelterten Wein probieren und im B & B oder einer Ferienwohnung übernachten.

Das industrielle Erbe

Ein zweiter Tagesausflug führt von Cardiff nach Norden. Über die gut ausgebaute A 470 haben Sie die knapp 40 km nach Merthyr Tydfil schnell überwunden. Doch bevor Sie sich in die Industriegeschichte des 19. Jhs. vertiefen, sollten Sie die Uhr noch weiter zurückdrehen und *****Llancaiach Fawr** (⏰ Mo-Fr 10-17 Uhr, Sa/So 10-18 Uhr), einem dreistöckigen befestigten Tudor-Haus einen Besuch abstatten (von Abercynon über die A 472 nach Nelson, von dort ausgeschildert). Heutigen Besuchern präsentiert es sich wie anno dazumal: Nur mit Empfehlungsschreiben (der Eintrittskarte) lassen die Dienstboten Fremde ein, führen sie durch das Haus und erklären Räume, Einrichtung und Sitten des 17. Jhs. Auch werden hier Bankette und Geisterabende (Info: ☏ 0 14 43/41 22 48) ausgerichtet.

> **Merthyr Tydfil** war im 19. Jh. – mit mehr Einwohnern als Cardiff, Swansea und Newport zusammen – die industrielle Hauptstadt von Wales. Denn hier wurde produziert, was an der Küste nur verschifft wurde: Eisen. Allein zwischen 1759 und 1784 entstanden vier große Eisenhütten. Mitte des 19. Jhs. schufteten hier 15 000 walisische Arbeiter unter unsäglichen Bedingungen. Die Eigentümer hingegen kamen aus England, etwa die Familien Crawshay und Guest, die Eisenbarone von Wales.

Von der Industriestadt Merthyr Tydfil ist wenig geblieben. Seit der mörderischen Arbeitslosigkeit der 30er Jahre leben hier nur noch 40 000 Menschen, die z. T. Arbeit in moderneren Fabriken fanden. Einige rote Ziegelbauten im Zentrum blieben in der Nachbarschaft schlichter Geschäfte erhalten, mit Mühe restauriert man ein paar Zeugnisse der Gusseisen-Epoche.

Die andere Seite der Eisenmedaille ist am nordwestlichen Stadtrand von Merthyr Tydfil, abseits der A 470, zu bestaunen: *****Cyfarthfa Castle**. 1824 gab William Crawshay II. das aufwändige, nach seiner Eisenhütte benannte Schloss in einem riesigen Park mit See in Auftrag. Damit demonstrierte er den Reichtum, zu dem es seine Familie seit den bescheidenen Anfängen von 1770 vor allem mit der Herstellung von Waffen gebracht hatte. Als die Eisenindustrie in die Krise geriet, verließen seine Nachfahren Merthyr. Das Schloss wurde 1910 zur Schule mit Museum umgebaut, der Park für jedermann geöffnet.

Richard Llewellyn, „So grün war mein Tal", München: dtv 1987.

Über die „Top of the Valleys Road" (A 465) gelangen Sie rasch nach *Hirwaun*, wo die A 4061 ins Rhondda-Tal abzweigt, das bekannteste Kohletal zwischen Brecon Beacons und der Küste. Einst gab es hier reinste Idylle – bis etwa 1830 die Erde aufgerissen wurde, um das schwarze Gold zutage zu fördern. In den beiden Rhondda-Tälern lebten 1860 ca. 3000 Menschen, Anfang des 20. Jhs. 150 000, und nur 40 Jahre später war fast alles wieder vorbei.

Als sich der Niedergang abzeichnete, war hier die Wiege der Arbeiterproteste, Tausende kämpften mit Streiks um ihre Existenz. Davon ist heute nur noch wenig zu spüren. Die Zechen sind geschlossen, die kilometerlangen Häuserreihen entlang der Hänge sind nur noch zur Hälfte bewohnt; denn die Jungen sind gegangen. Ein paar neue Fabriken wurden angesiedelt, und man

CARDIFF

zeigt den Touristen die Vergangenheit, während der Abraum begrünt wird.

Einen spannenden Einblick ins einst pulsierende Arbeitsleben bietet der **Rhondda Heritage Park** (tgl. 10 bis 18 Uhr) an der A 4058 zwischen Porth und Pontypridd. Frisch geschwärzte Bergleute zeigen Ihnen den Maschinenraum, erklären die Bedeutung von Grubenlampen und Wellensittichen und demonstrieren die Arbeit unter Tage – dann geht im Stollen die Post ab. Mehrere Videofilme und Tonbänder sowie eine Ausstellung widmen sich dem sozialen Umfeld. Von Pontypridd gelangen Sie über die A 470 in einer halben Stunde zurück nach Cardiff.

Im Rhondda Heritage Park

Industrielle Revolution

Die industrielle Revolution verdrängte die Handfertigung vieler Waren durch maschinelle Produktion. Ihren Anfang nahm sie um 1750 in Nordengland.

Medizinischer Fortschritt und der Wunsch nach mehr Kindern als zusätzlichen Arbeitskräften hatten die Bevölkerungszahl seit Beginn des 18. Jhs. in die Höhe schnellen lassen. Diese Entwicklung sowie der weltweite Handel mit den Kolonien schufen eine schnell wachsende Nachfrage, zunächst vor allem nach Textilien, die Handfertigung allein nicht mehr befriedigen konnte. Gleichzeitig hatte sich durch Kolonialkriege viel Kapital in privater Hand angesammelt, das nun investiert wurde.

Die technische Entwicklung hielt Schritt. Spinnmaschinen wurden konstruiert, dann mechanische Webstühle. Maschinen brauchen Energie, daher stehen die meisten Fabriken in Tälern, denn zunächst nutzte man die leicht zugängliche Wasserkraft. Doch nach der Erfindung der jahreszeitenunabhängigen Dampfmaschine brannte das Feuer der Revolution endgültig – zunächst genährt von Holz, dann von der ergiebigeren Kohle. Das war die Stunde der südwalisischen Täler, in denen das schwarze Gold in großen Mengen abgebaut wurde, um es in britischen Fabriken zu verfeuern oder zu exportieren.

Die Textilindustrie stellte jedoch nur einen bescheidenen Anfang dar, im Vergleich zu jenem Produkt, das die industrielle Revolution gebar und zugleich verschlang: dem Eisen. Maschinen wurden daraus gefertigt, dann Gebäude und Schiffe für den Welthandel. Nun waren plötzlich Transporte über weite Strecken nötig, und so baute man Kanäle und Eisenbahnen, die wiederum Brücken brauchten und selbst tonnenweise Eisen verschlangen.

In hundert Jahren erfuhr die Arbeits- und Lebenswelt der Menschen eine grundlegende Umwälzung. Neue Berufe, wie der des Ingenieurs, entstanden; alte, wie der des Handwebers, verschwanden. Frauen und Kinder arbeiteten in den Fabriken im Akkord, Männer und Kinder unter unsäglichen Bedingungen unter Tage. Doch gleichzeitig entstand eine neue Arbeiterkultur, deren Überbleibsel gerade in Wales noch zu entdecken sind.

Swansea

Industrie und Literatur

„Hässlich, schön" fand Dylan Thomas sie, die sich „kriechend, wuchernd", doch „an einem langen, herrlich geschwungenen Küstenstreifen" erstreckt. Und er musste es wissen, denn in Swansea verbrachte der Dichter die erste Hälfte seines Lebens. Hässlich ist der Industriegürtel am Rande der Stadt bis heute, recht hübsch hingegen geriet das aufwändig umgebaute Hafengebiet. Wenn man den Spuren des Dichters folgt, gelangt man auch in manch originellen Pub und schließlich hinaus an die fast mediterrane Strandpromenade von Mumbles und auf die Halbinsel Gower, ganz offiziell eine „area of outstanding natural beauty".

Geschichte

Swansea steht heute im Schatten der Hauptstadt Cardiff, dabei reichen seine Wurzeln ähnlich weit zurück; und es war bereits eine bedeutende Industriestadt, als sich weiter westlich erst ein paar hundert Fischer um die Burg scharten. Im frühen 18. Jh. begann Swanseas Karriere als britisches Zentrum der Erzausbeute mit einer Kupferschmelzhütte, doch auch Blei, Kobalt, Nickel, Zinn, Silber und Gold wurden gewonnen. Als sich im späten 19. Jh. die Kupferproduktion zunehmend nach Amerika verlagerte, baute Swansea mehr als 100 Zinnwalzwerke. 1955 schloss das letzte, 1982 dann die letzte Kupferhütte. Bereits seit den 60er Jahren werden die riesigen Abraumhalden und der Boden wieder kultiviert.

Swansea ist keine besonders schöne Stadt, denn das Zentrum wurde 1941 vom Nazi-„Blitz" weitgehend zerstört, und die erste Sanierung hinterließ eine recht öde Fußgängerzone. Doch die Umwidmung des Hafens gelang sehr gut. Und alle Nachteile wett macht seine vortreffliche Lage.

Rundgang

Dieses Himmelsgeschenk läßt sich am besten von der **Pant-y-Celyn Road** ❶ aus würdigen, denn sie bietet freien Blick über die Bucht: das Stadtzentrum links; die Masten der Sportstadien und der weiße Turm der Guildhall geradeaus; und rechts der Uferstreifen nach Mumbles und Gower. Der Hafen liegt an der Mündung des Tawe, dem die Stadt ihren walisischen Namen Abertawe verdankt.

Nun betritt der berühmteste Sohn der Stadt die Bühne: Dylan Thomas wurde 1914 im **Haus No 5** ❷ **Cwmdonkin Drive** geboren. Schlendert man ein wenig die steile Straße hinunter, führt ein schmaler Weg in **Cwmdonkin Park** ❸, wo der Dichter als Kind seine blühende Phantasie spielen ließ: Büsche wurden zu Dschungeln, Teiche zu Meeren, Tauben zu Greifvögeln – vielfach beschrieben in seinen Gedichten. Ein *bandstand* (Musikpavillon) sowie ein Stein mit den drei letzten Zeilen aus dem Gedicht „*Fern Hill*" erinnern an ihn. Sie können weiter den Spuren des jugendlichen Genies folgen, wenn Sie den kleinen Schlenker über **Mount Pleasant** ❹ nicht scheuen. Hier steht auf dem Gelände des Technical College noch ein Gebäude der ehemaligen Grammar School, in der Dylans Vater unterrichtete und die der Sohn schwänzte, um zu Hause zu dichten.

Auch in Alexandra Road ist Thomas nicht fern. Der reich gewordene Kupferfabrikant Richard Glynn Vivian stiftete die *****Glynn Vivian Art Gallery** ❺. Herausragend sind die Gemälde von Walter Evans, mehr aber noch die Kunstwerke Ceri Richards' (s. S. 22), besten walisischen Künstlers der Moderne – und eines guten Freundes Dylans (◷ tgl. außer Mo 10–17 Uhr; ☏ 0 17 92/65 50 06; Eintritt frei).

SWANSEA

Vom alten **Castle** ❻ aus dem 14. Jh. ließen der Zahn der Zeit und die deutschen Bomben nicht viel übrig. Nur einige Schritte weiter blieb ein fast ebenso altes Steinhaus erhalten: Im Pub *Cross Keys* erhielt der Jungreporter Dylan Thomas die Feuertaufe im Berufstrinken.

 Schräg gegenüber kann man sich dem Konsumrausch ergeben oder erst einmal das gußeiserne Korsett des ***Swansea Market** ❼ begutachten, in dem Haushaltswaren, Fleisch und Gemüse sowie walisische Spezialitäten feilgeboten werden. An einem Stand in der Mitte gibt es frischen Seetang *(laverbread)* und die bekannten Muscheln *(cockles)* der Halbinsel Gower. Der alte Markt geht nahtlos in das moderne *Quadrant Shopping Centre* über.

Das **Leisure Centre** ❽ mit Schwimmbad und Sportanlagen ist bereits Teil des Hafenviertels, das in den 80er Jahren sein Gesicht vollkommen wandelte und durch Ansiedlung von Wohnungen am Jachthafen wieder attraktiv wurde.

Die industrielle Vergangenheit präsentiert hübsch ordentlich das **Maritime and Industrial Museum** ❾. Draußen ankern der Schlepper „Canning" und das Leuchtschiff „Helwick"; drinnen wurden u. a. die Maschinen der Tuchfabrik Neath Abbey Mill wieder aufgestellt, sodass Besucher das Färben, Kämmen, Spinnen und Weben der Wolle verfolgen können (🕓 tgl. außer Mo 10–17 Uhr; Eintritt frei).

Entlang der Jachthafens gelangen Sie zum Gloucester Place, auf dem Ihnen erneut der Dichter begegnet. Zum Aufbruch bereit sitzt er – in Bronze gegossen – vor *The Pumphouse* (inzwischen Pub und Restaurant), doch ist er nach Aussagen von Zeitzeugen schlecht getroffen. Wesentlich eindeutiger geriet Captain Cat, eine Figur aus „*Under Milk Wood*" (dt. „Unter dem Milchwald", Heidelberg 1954, Stuttgart 1970) auf der anderen Seite des Kanals zwischen Marina und Tawe Basin.

Dylan Thomas hatte ein zwiespältiges Verhältnis zu Swansea

Fast alles, was das Herz begehrt, in der Markthalle von Swansea

Statue des Captain Cat aus dem Stück „Under Milk Wood"

SWANSEA

 Bunt bemalt steht an der Ecke des Gloucester Place das **Dylan Thomas Theatre** ❿, Heimat der Little Theatre Company, einer halbprofessionellen Theatergruppe, mit der Thomas Anfang der 30er Jahre als Schauspieler reüssierte. Das Haus mit gut 200 Plätzen ist nur während der abendlichen Vorstellungen zugänglich; dann kann man in den Gängen alte Fotos und Zeitungsausschnitte studieren.

 Schräg gegenüber bezogen Kunsthandwerker die alten Wohnhäuser und präsentieren nun ihre Produkte in der *Arts Workshop Gallery*.

Eine schmale Straße führt zu **Ty Llen** ⓫, der ehemaligen Guildhall aus hellem Sandstein, die gerade zum Kulturzentrum mit Theater, Buchladen und Restaurant ausgebaut wird (◐ Di bis So 10.30–17 Uhr; Kartenbestellungen: ☎ 0 17 92/46 39 80).

Über Cambrian Place gelangen Sie, vorbei an Büro- und Wohnhäusern aus der Zeit der Jahrhundertwende, zur auffälligen klassizistischen Säulenfassade (1841) des **Swansea Museum** ⓬ (◐ Di bis So 10–17 Uhr; Eintritt frei), das eine eindrucksvolle Porzellansammlung sowie einige archäologische Fundstücke aus der Umgebung präsentiert. Im ersten Stock liegt die *Mumie eines ägyptischen Priesters*, die jüngst konserviert wurde, wobei man Inschriften auf dem Boden des Holzsarges fand.

Vielleicht bleibt ja noch Zeit für weitere Sehenswürdigkeiten: **Plantasia** ⓭ ist neue Heimat für viele Pflanzen und Tiere aus tropischen Gefilden.

Die neue *Guildhall (Rathaus)* ⓮ aus den 30er Jahren gibt sich von außen sehr schlicht, weist innen jedoch ansehnliche Holzvertäfelungen und schöne Säle auf. Als Reminiszenz an die Wikingerära ragen steinerne Wikingerschiffe aus dem Uhrenturm, und die Treppengeländer in der Eingangshalle laufen in Form von Langbooten aus. Empfangs- und Konzerthalle schmücken große *Bilder* des gebürtigen Belgiers Frank Brangwyn. Eigentlich war der 1925–1932 entstandene Zyklus für das House of Lords in London gedacht; doch obgleich die Heroisierung des Empire glückte, missfielen die nackten Körper den schon angegrauten Damen und Herren des Hochadels, und so wurde das Werk in die Provinz verbannt.

Praktische Hinweise

 Singleton St., ☎ 0 17 92/46 83 21, 🖷 46 46 02, und Oystermouth Sq., Mumbles, ☎ 0 17 92/36 13 02.

 Hilton, Phoenix Way, Enterprise Park, ☎ 0 17 92/31 03 30, 🖷 79 75 35.
Vor kurzem renoviertes Hotel in der Nähe des Hafens mit bekanntem Restaurant. ⑤⟫
Windsor Lodge, Mount Pleasant, ☎ 0 17 92/64 21 58, 🖷 64 89 96. In georgianischer Architektur fühlt man sich in diesem kleinen und eleganten Haus nahe dem Zentrum wohl. ⑤
Coynant Farm, Felindre, ☎ 0 12 69/59 56 40, 🖷 59 20 64. Das Farmhaus aus dem 18. Jh. bietet unweit der Stadt Ruhe und Komfort. ⑤
Hillcrest House, 1 Higher Lane, Mumbles, ☎ 0 17 92/36 37 00, 🖷 36 37 68. Kleine, elegante und persönlich geführte Pension auf dem Hügel über Mumbles. ⑤
Viele B & Bs, Pensionen und Hotels an der Uferpromenade Richtung Mumbles.

 La Braseria, 28 Wind St., ☎ 46 96 83. Im spanischen Bodegastil eingerichtetes Restaurant; Snacks und spanische Gerichte. ⑤⟫
Number One, 1 Wind St., ☎ 45 69 96. Die französische und provenzalische Küche wird allgemein gelobt. ⑤
Patrick's, 638 Mumbles Rd., Mumbles, ☎ 36 01 99. Kontinentale, leicht französisch angehauchte Küche. ⑤
Rendezvous, St. David's Shopping Centre, Princess Way. Die Speisekarte

SWANSEA

kombiniert Mittelmeer und Asien. ⑤
The Artful Dodger, Mumbles Rd., Mumbles, ☎ 36 73 09. Kleines Restaurant mit kontinentaler Küche an der Uferpromenade. ⑤
Nooks, St. Helen's Rd. Einfaches Familienrestaurant in britischer Tradition. ⑤

Pubs: **The Pump House,** Gloucester Sq. Hier kann man Snacks mit Blick auf die Boote und Dylans Rücken genießen.
The Cross Keys, Princess Way. Einer der ältesten Pubs in Wales, wo sich schon Dylan Thomas das ein oder andere Pint genehmigte.
Die Wind Street mausert sich zur Pub- und Restaurantstraße der Innenstadt, in Mumbles an der Uferpromenade geht es ähnlich lebhaft zu.

The Pump House im Hafenviertel

❶ Pant-y-Celyn Road
❷ Geburtshaus von Dylan Thomas
❸ Cwmdonkin Park
❹ Mount Pleasant
❺ Glynn Vivian Art Gallery
❻ Castle
❼ Swansea Market
❽ Leisure Centre
❾ Maritime and Industrial Museum
❿ Dylan Thomas Theatre
⓫ Ty Llen
⓬ Swansea Museum
⓭ Plantasia
⓮ Guildhall (Rathaus)

Ausflüge

Einen Ausflug ins viktorianisch geprägte Küstendorf **Mumbles** sollten Sie auf keinen Fall versäumen. Am Stadtrand liegt rechts *Singleton Park,* in dem Lord Swansea 1826 seinen Land-

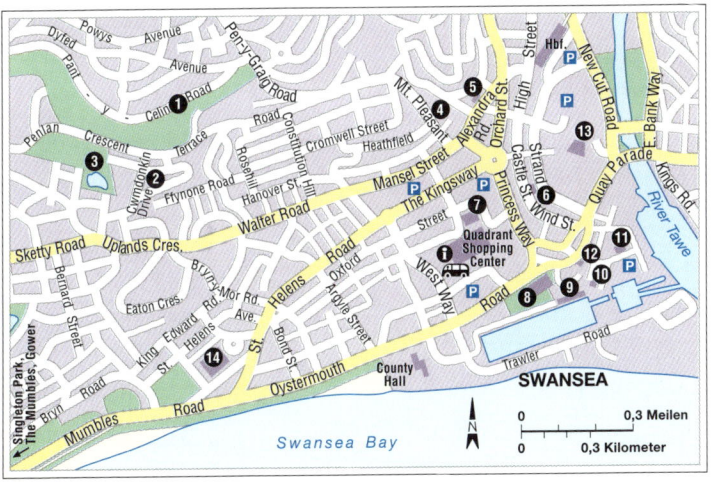

Polyglott 43

SWANSEA

Dylan Thomas

Am 27. Oktober 1914 wird er in Cwmdonkin Drive in den Uplands von Swansea geboren und nach einer Figur aus der mittelalterlichen Sagensammlung *„Mabinogi* Dylan" genannt. Denn Literatur spielt in seiner Familie eine große Rolle: Sein Vater ist Englischlehrer und wäre lieber Schriftsteller geworden; ein Großonkel beteiligt sich als Barde regelmäßig am *eisteddfod*. Und der junge Dylan besitzt offensichtlich eine lebhafte Phantasie. Im wohlgeordneten Cwmdonkin Park erforscht er „Dschungel" und „Wüsten", „Meere" und „Höhlen". Der Vater fördert sein Talent, und der Direktor der Swansea Grammar School drückt beide Augen zu, wenn er Dylan zur Unterrichtszeit draußen erwischt. Mit der Herausgabe der Schülerzeitung und als Mitwirkender der Theatergruppe legt er den Grundstein seiner Karriere. Denn mit 16 verlässt er diese Stätte der Bildung und wird Reporter bei der *„South Wales Evening Post"*. Und hier taucht der wohlbehütete Mittelschichtjüngling erstmals in eine andere Welt ein: In der walisischen Industriestadt der 30er Jahre lernt er Arbeitslosigkeit und Armut kennen. Gleichzeitig wird er Stammgast, wo Lokaljournalisten oft die wichtigsten Informationen erhalten: in den Pubs. Regelmäßig verkehrt er im *Cross Keys*, gegenüber der Redaktion in einer nach den Zerstörungen des Zweiten Weltkriegs abgerissenen Häuserzeile.

Doch Dylan Thomas bleibt nicht lange Reporter und nimmt nie wieder eine feste Stellung an. Stattdessen spielt er Theater in der Little Theatre Company, schreibt Gedichte und Prosastücke und fährt hinaus nach Mumbles und auf die Halbinsel Gower in die Natur, die in seinem Werk eine so bedeutende Rolle spielt. Seine „beiden legendären Kreaturen" waren am Ufer von Mumbles zu finden, die Pubs *Mermaid* (jüngst abgebrannt) und *Antelope*.

1938 zieht Dylan mit seiner irischen Frau Caitlin, die ihm im Laufe der Jahre drei Kinder schenkt, in die Kleinstadt Laugharne an der Mündung des Taf. Hier findet er trotz notorischer Geldknappheit und nur bescheidenem Dach über dem Kopf die Ruhe und die entsprechende Umgebung für seine Gedichte und die autobiographischen Erzählungen „Portrait of the Artist as a Young Dog" („Porträt des Künstlers als junger Hund", s. S. 22).

Während des Krieges wohnt die Familie meist in England; und 1949 kann sich Dylan dann endgültig zurückziehen, denn Freunde haben für ihn das einsame Boat House direkt am Ufer des Taf in Laugharne gekauft. Hundert Meter entfernt mietet er noch eine garagenähnliche Hütte, die er The Shack nennt, als Arbeitszimmer an.

Seine Tage verlaufen in kreativer Routine: Morgens ein Besuch bei den Eltern, die ebenfalls ins Dorf gezogen sind; eine kurze Einkehr in Brown's Hotel an der Hauptstraße, um den Reden der „kolossalen Lügner" zu lauschen; nach dem Mittagessen nach Hause; und dann zur Arbeit in die Hütte. So entsteht sein bekanntestes Werk, „Under Milk Wood" („Unter dem Milchwald", Reclam und Hörspielkassette, Klett-Cotta) für das nicht nur die Bewohner von Laugharne, sondern die vielen urtümlichen Menschen, die er in Südwales traf, als Vorlage dienten.

1953 kam es dann zu jener fatalen vierten Lesereise in Amerika, die er antrat, um etwas Geld zu verdienen. Sicher hatte er viel getrunken, doch es gibt auch Hinweise auf eine falsche medizinische Behandlung. Dylan Thomas starb am 9. November 1953 in New York und liegt nun unter einem schlichten weißen Holzkreuz auf dem neuen Friedhof von St. Martin's in Laugharne begraben.

SWANSEA

sitz errichtete; der *Botanische Garten* ist frei zugänglich. Ein anderer Adliger hält ebenfalls die Gartenpforte offen: *Clyne Gardens* am Nordrand von Mumbles bietet herrliche Spazierwege. Fast im Zentrum des kleinen Ortes liegt dann *Oystermouth Castle*. Ein normannischer Fürst baute hier, vermutlich Ende des 11. Jhs., eine erste Festung aus Holz, die mehrfach von walisischen Truppen zerstört wurde; Teile der heutigen Ruinen lassen sich bis ins 13. Jh. zurückdatieren.

Gleich mehrere Straßen führen von Mumbles auf die **Halbinsel Gower.** Sie besteht im Süden aus Kalkstein, im Norden aus flachem Marschland. Die B 4436 und die A 4118 erschließen die Südküste mit ihren zahlreichen Sandbuchten.

Tipp Gower ist eines der beliebtesten Surfgebiete in Wales. Informationen und Ausrüstungen bei: **Kilvrough Manor Outdoor Centre,** Parkmill, Gower, ☏ 0 17 92/23 27 43, oder **Welsh Surfing Federation,** The Barn, The Croft, Llangennith, North Gower, ☏ 0 17 92/38 64 26.

Treffen Sie Dylan Thomas vor dem Thomas Theatre

Keinesfalls links liegen lassen sollten Sie die geheimnisvoll rauschende ***Rhosili Bay,** wo bestimmt noch ein Schatz liegt. Darauf weisen zumindest die bei Ebbe aus dem Sand ragenden Planken der 1887 gesunkenen Bark „*Helvetia*" hin. Sehr genügsam wirkt der Drache, der die Landspitze bewacht: **Worm's Head** („Kopf des Drachen") lässt sich bei Ebbe sogar trockenen Fußes erreichen.

Mumbles: kein viktorianischer Küstenort ohne Pier

Weiter geht es über Reynoldston auf den nur 186 m aufragenden Bergrücken Gower Downs. Erreicht die Straße den Kamm, liegt links, gerade noch sichtbar, **Arthur's Stone.** Der Sage nach soll er auseinandergebrochen sein, als Artus sein Schwert aus ihm herauszog.

Arthur's Stone: König Artus ist auch in Wales unvergessen

Route 1

Römer, Dichter, Missionare

Caerwent – *Caerleon –
**Caerphilly Castle – Cardiff –
Swansea – Carmarthen – Laugharne –
Tenby – Pembroke – **Carew –
**St. David's – Fishguard –
*Preseli Hills – Cardigan (420 km)

Nach dem industriellen Südosten bietet der Südwesten von Wales ein Kontrastprogramm: hohe Klippen, schmale Buchten, gemütliche Fischerhäfen, eine grüne Hügellandschaft; dazu mächtige Burgen, die Kathedrale des Nationalheiligen David sowie die „Hütte", in der Dylan Thomas sein Spätwerk schrieb. Um diese abwechslungsreiche Route zu genießen, brauchen Sie mindestens vier Tage; ein paar zusätzliche Wandertage einzuplanen, kann nicht schaden.

Über den Severn nach Caerphilly

Auf der neuen zweiten Autobahnbrücke über den Severn gelangt man schneller nach Newport oder Cardiff, verpasst aber Chepstow (s. S. 59) und **Caerwent**, die größte zivile Römersiedlung in Wales: In der fast rechteckigen, etwa 500 m langen und 400 m breiten Stadt mit Basilika, Tempel und Markt wohnten vermutlich 2000 der von den Hügelfestungen in die Täler umgesiedelten vorkeltischen Silurern. Leider sieht man heute nur noch Fundamente; Ausgrabungsstücke finden sich im Museum in Newport und im Nationalmuseum in Cardiff.

Die Besatzer selbst lebten 15 km weiter westlich in *Caerleon (Ausfahrt 24 der M 4, A 48 Richtung Newport, nach ca. 1 km rechts); die ab dem JAhr 75 angelegte Festung Isca beherbergte etwa 5000 Soldaten. Das *Amphitheater* war Schauplatz von Gladiatorenkämpfen wie auch militärische Übungsstätte. Damals überragten noch Holzaufbauten die Steinwände und Erdwälle um die ovale, einst mit Sand gefüllte Arena von 57 mal 42 m (freier Zugang). In den *Roman Baths, einer Freizeit- und Körperertüchtigungsanlage, konnten sich bis zu 500 Legionäre gleichzeitig tummeln. Neben einem langen Becken stand draußen ein Übungsplatz für Läufe und andere athletische Wettbewerbe *(palaestra)* zur Verfügung, drinnen stählte man sich beim Gewichtheben, Boxen und Ringen *(basilica)*. Zuletzt besuchte man das Dampfbad *(caldarium)* (◷ tgl. 9.30–18.30 Uhr; Kombiticket mit Museum möglich). Das *Roman Legionary Museum* (◷ März bis Okt. Mo–Sa 10, So 14–18 Uhr; Okt.–März Mo–Sa 10–16.30 Uhr, So 14 bis 16.30 Uhr) zeigt Ausgrabungen der Region: Waffen, Helme, Bronzeschnallen, Werkzeug, Töpfe, Schalen, Grabsteine und Wasserleitungen aus Ton sowie Überreste eines Mosaiks.

Über die B 4596 geht es am Fluss Usk entlang weiter nach **Newport**. Außer *Museum and Art Gallery* (gute Kunstgalerie) bietet die Stadt wenig Sehenswertes. Im Süden werden mit der kuriosen *Transporter Bridge* (1906), einer an Seilen hängenden Plattform, Waren und Fahrzeuge über den Usk gehievt.

Am Westrand Newports liegt **Tredegar House** (Ausfahrt 28 der M 4 oder A 48). Das von der Familie Morgan 1402 erbaute Haus wurde im 17. und 19. Jh. beträchtlich erweitert; allein die Führung stellt etwa 30 Räume vor.

**Caerphilly Castle und Castle Coch

1268 begann der Normanne Gilbert de Clare mit dem Bau von **Caerphilly Castle,** der größten Burg von Wales, die aber nur zwei Jahre später von Llywelyn dem Letzten zerstört wurde. Schon im folgenden Jahr startete de Clare den Wiederaufbau, doch ungeachtet der ständigen Verstärkung der Verteidigungsanlage verlor die Familie im 14. Jh. die Feste. Da sie trotz der starken Verteidigungsmauern keinerlei militärischen Wert besaß, gab es im Bürgerkrieg keine Schlacht um sie: Die Truppen Cromwells ließen einfach das Wasser aus dem Graben und sprengten die Türme, was angesichts der massiven Bauweise jedoch nur wenig Wirkung zeitigte.

Im Amphitheater von Caerleon fanden ca. 6000 Zuschauer Platz

Später gehörte die Burg lange den Earls von Pembroke und schließlich der Familie Bute, die mit der Restaurierung begann. Vor allem das innere Torhaus und die westlichen Türme sind noch gut erhalten; auch die Wassergräben wurden wieder geflutet. An der Außenmauer wurde ein hölzerner Kampfsteg rekonstruiert. Er verhinderte das Anlegen von Sturmleitern und ermöglichte das Herabwerfen von Steinen und anderen Unannehmlichkeiten auf nahende Angreifer. Katapulte und stationäre Armbrüste finden sich hinter dem Eingang links. Eine Ausstellung im Nordwestturm widmet sich den Festungen in Wales (◔ tgl. 9.30–18.30 Uhr).

Welchen Kontrast dazu bietet doch das „Rote Schloss", **Castell Coch,** nahe der A 470 von Cardiff nach Merthyr Tydfil! Auf den Grundmauern einer Burg aus dem 13. Jh., von der nur Kerker und einige Mauerreste erhalten sind, baute William Burges von 1875 bis 1879 ein Phantasieschloss für den dritten Marquis von Bute (vgl. S. 32, Cardiff Castle). Je ein runder Turm nimmt dem Dreieck, das der Grundriss zeichnet, die Spitzen. Zugbrücken und Fallgitter gemahnen an das Mittelalter, doch das Innere weist wenig wehrhafte Züge auf: Einem klassischen Bildungsideal verpflichtet, ließ Bute auf den Wänden Szenen aus der griechischen Mythologie, aus den Fabeln Aesops sowie

Vom römischen Bad blieben nur wenige Steinreste erhalten

Caerphilly Castle: von der Familie Bute der Krone übertragen

ROUTE 1

eine bunte Pflanzen- und Tierwelt verewigen (April–Okt. tgl. 9.30 bis 18.30 Uhr; Nov.–März Mo-Sa 9.30 bis 16 Uhr, So 11–16 Uhr).

Richtung Westen

Der Streckenabschnitt Cardiff, Vale of Glamorgan und The Valleys ist ab S. 30 beschrieben. Am schnellsten gelangt man über die M 4 weiter nach Westen, die Fahrt auf der A 48 ist allerdings idyllischer. Vor Swansea bietet sich noch ein Ausflug ins Vale of Neath zu den *Aberdulais Falls* an. Der Wasserfall hat 300 Jahre lang Maschinen zur Kupfer- und Zinnproduktion angetrieben.

Von Swansea (s. S. 40 ff.) aus geht es zügig nach **Carmarthen,** eine nicht besonders beeindruckende, aber alte Stadt und angebliche Geburtsstätte des Zauberers Merlin aus der Artussage. Sehenswert sind der von der *Guildhall* beherrschte Knott Square sowie das am östlichen Stadtrand liegende *County Museum* für lokale Geschichte (unweit der A 40).

St. Peter's Church weiter nördlich birgt die Büsten von Sir Rhys ap Thomas und anderen bekannten Persönlichkeiten der Gegend.

 Lammas Street,
0 12 67/23 15 57,
22 19 01.

National Botanic Garden in Wales. Im schönen Tal des Towy, etwa 12 km östlich von Carmarthen, entsteht als weiteres Jahrtausendprojekt der erste nationale Botanische Garten, der im 20. Jh. auf den Britischen Inseln geschaffen wurde und der bereits jetzt

ROUTEN 1 UND 2

ROUTE 1

mit den Gärten von Kew am Londoner Stadtrand verglichen wird. Herzstück ist das vom Stararchitekten Sir Norman Foster entworfene große Glashaus, in dem das Klima des Mittelmeerraumes nachgeahmt wird. In den Außenanlagen lässt sich die Geschichte des britischen Gartenbaus von den formellen, ummauerten Gärten bis zu den weiträumigen Landschaftsgärten nachvollziehen. Spezielles Augenmerk wird auf die Flora von Wales gelegt, aber man kann auch durch Wälder aus allen Erdteilen spazieren. Der Botanische Garten öffnet im Frühjahr 2000 sein Pforten.

 Pantgwyn Farm, Whitemill, Carmarthen, ✆ 0 12 67/ 29 02 47, 📠 29 08 80. Ruhig gelegen (2 km nördlich von Whitemill unweit der A 40, östlich von Carmarthen). Sehr gutes Essen! ⓢ

Castell Coch

ROUTE 1

Drei Küstenstädtchen

Von Carmarthen geht es (auf der A 40 nach St. Clears und weiter auf der A 4066) nach **Laugharne**, Schauplatz des zweiten Aktes von Dylan Thomas' Dichterleben (s. S. 44). Schon in seiner Jugend hatte Thomas hier oft die Ferien verbracht. Vor Ort lag alles, was er zur Inspiration brauchte: das Meer, die breite Mündung des Taf, die ursprüngliche Landschaft. Freunde kauften dem verschuldeten Dichter 1949 das Boat House.

St. Martin's Church (am Ortseingang links) stammt zum größten Teil aus dem späten 19. Jh., doch schließt man aus dem Fund eines keltischen Kreuzes, dass hier bereits im 9. oder 10. Jh. eine Kirche stand. Beschaulichkeit strahlt der alte Friedhof mit zahlreichen interessanten Grabsteinen aus; Dylan Thomas liegt allerdings auf dem neuen Friedhof.

Fährt man weiter auf der Hauptstraße in den Ort hinein, trifft man auf *Brown's Hotel*, Dylans Stammkneipe. Dann macht die Straße einen Bogen, vorbei am *Castle* und hinunter zum Marktplatz mit einem schönen historischen Kreuz. Der ausgeschilderte Weg zum Boat House führt zurück durchs Dorf, man kann jedoch auch die kleine Brücke überqueren und am Flussufer entlangspazieren. Nach fünf Minuten erreicht man Stufen, die hinauf zu *The Shack* führen; ein Blick durch ein Fenster in der Tür erweckt den Eindruck, der Dichter sei nur gerade mal auf ein Bier verschwunden. Etwas weiter führt eine Treppe zum *Boat House* hinunter. Man kann froh sein, dass es noch steht, es sollte zerlegt und in den USA aufgestellt werden. Leider ist das *Dylan-Thomas-Zentrum* etwas lieblos geführt: Neben einem Video über sein Leben sieht man Erstausgaben und Übersetzungen seiner Werke, dazu einige Möbel der Familie; doch das Hauptinteresse gilt dem Umsatz des angegliederten Cafés (Ostern–Okt. tgl. 10–18 Uhr; sonst tgl. 10.30–15 Uhr).

Nun führt die Route durchs Marschland der Taf-Mündung zu dem kleinen Küstenort Pendine mit Sandstrand; über die B 4314 geht es nach Red Roses und zurück auf die A 477 nach Saundersfoot und Tenby. Im riesigen *Woodland Garden* 5 km südlich der Straße, der sich bis ans Meer erstreckt, grünen und blühen über 500 Rhododendren- und Azaleenarten!

Saundersfoot ist im Sommer ein lebhaftes Urlaubs- und Wassersportzentrum mit schönem Hafen. Zahlreiche Übernachtungsmöglichkeiten, wie auch im nahen Tenby, machen es leicht, hier einige Zeit zu verbringen und ein Stück des *Pembrokeshire Footpath* (s. S. 51) zu erwandern.

 auch zum *Pembrokeshire Footpath:* The Harbour Car Park, ☎ 0 18 34/ 81 14 11; April–Sept. tgl. 10–17 Uhr.

 Cambrian, Cambrian Terrace, ☎ 0 18 34/81 24 48. Alteingesessenes Hotel direkt am Hafen. $))
Gower, Milford Terrace, ☎ 0 18 34/ 81 34 52. Kleines, elegantes Hotel, etwas ruhiger gelegen. $)
Hurst Lea, St. Brides Lane, ☎ 0 18 34/ 81 23 39. Drei Zimmer für B & B, etwas außerhalb des Zentrums. $
The Woodlands, St. Brides Hill, ☎ 0 18 34/81 33 38. Kleines Hotel mit Abendessen, abseits vom Strand. $
Weitere B & Bs, Pensionen und kleine Hotels finden sich an St. Brides Hill, der Straße nach Tenby.

Tenby ist heute vor allem ein Ort der Sommerfrische. Ein Hügelvorsprung mit verfallenem *Castle* und *Museum* (Archäologie, Geschichte, Ausstellung lokaler Künstler) trennt den in einer weiten Bucht gelegenen *North Beach* mit Hafen vom lang gestreckten *South Beach*. Dass die mit Eisdielen, Fastfoodläden und Strandartikelgeschäften gespickte Altstadt recht klein wirkt, belegen die Reste der *Stadtmauer* an South und Florence Parade. *Tudor Merchant's House* am Quay Hill stammt

ROUTE 1

Pembrokeshire Coast National Park and Footpath

Ein meist breiter, 270 km langer Küstenstreifen von Tenby über St. David's und Fishguard bis nach Cardigan sowie der Unterlauf des Cleddau und die Preseli Hills gehören zum Nationalpark, dessen oft dramatisches Landschaftsbild schroffe, rote Sandsteinklippen bestimmen, zwischen denen sich Buchten verstecken. Winde von der Irischen See zerzausen Bäume und Sträucher.

Allerdings zerstückeln vor allem zwischen Pembroke und Milford Haven Militär- und Industriegebiete den Park. Auch der Fernwanderweg an der Küste zwischen Amroth und Poppit Sands ist davon betroffen. Zum Naturschutzgebiet zählen ferner mehrere Inseln (s. S. 54) mit Vogelkolonien, die teilweise nur nach Anmeldung und geführt betreten werden dürfen.

Vernünftige Ausrüstung, Kartenmaterial und Informationen über Weg und Wetter sind bei Wanderungen das A und O. Klettern in den Felsen ist nicht ungefährlich und dem Naturschutz abträglich, so wird es nur an bestimmten Stellen unter Aufsicht von Vereinen gestattet. Informationen in Saundersfoot (s. S. 50), Haverfordwest (s. S. 54), Pembroke (s. S. 52) und St. David's (s. S. 55).

aus dem späten 15. Jh. und ist noch weitgehend erhalten. Es gehörte einer wohlhabenden Händlerfamilie und ist mit einer bunten Mischung von Möbeln und Einrichtungsgegenständen diverser Epochen ausgestattet (◷ April bis Sept. Mo–Fr 10–17, So 13–17 Uhr).

The Croft,
☏ 0 18 34/84 24 02,
🖷 84 54 39; ◷ tgl. 9–17 Uhr.

Fourcroft, North Beach,
☏ 0 18 34/84 28 86,
🖷 84 28 88. Großes, modernes Hotel direkt oberhalb des nördlichen Strandes. $))
Giltar, The Esplanade, ☏ 0 18 34/ 84 25 07, 🖷 84 54 80. Lebhaftes größeres Hotel auf den Klippen oberhalb des Südstrandes. $)–$))
Heywood Lodge, Heywood Lane, ☏ 0 18 34/84 26 84, 🖷 84 39 76. Ein viktorianisches Heim mit Garten wurde zu einem komfortablen Hotel umgebaut; mit Restaurant. $)
The Cottage Court, Narberth Rd., ☏ 0 18 34/84 36 50. Kleines, stilles Haus mit Restaurant am Nordrand von Tenby. $
Sherbourne, Sutton St., ☏ 0 18 34/84 39 80. Preiswertes kleines Hotel am Südstrand. $

Burg und Hafen von Tenby

Im Boat House fand Dylan Thomas endlich einen Ruhepunkt

ROUTE 1

The Plantagenet, Quay Hill, ☎ 84 23 50. Im vermutlich ältesten Haus von Tenby mit großem Kamin wird recht ordentliches kontinentales und britisches Essen serviert. $)

Ausflug zur Insel Caldey

Ausgrabungen belegen die lange Besiedlungsgeschichte der Insel; vom 5. Jh. an wohnten hier Mönche verschiedenster Orden, seit 1958 Zisterzienser. Nur Männer dürfen die Abtei besuchen, Frauen können sich derweil an der Blütenpracht erfreuen, aus der die Mönche Duftwässerchen gewinnen. 🚢 Von Ostern–Okt. Mo-Fr 10 bis 16 Uhr und Sa vormittags alle 15 Min. ab Tenby Harbour, ☎ 0 18 34/84 44 53.

Tagesausflug zwischen Tenby und Pembroke

Wenn Sie Tenby über die A 4139 verlassen, zweigt nach knapp 10 km links eine Straße zu **Manorbier Castle** ab. Das erste Steingebäude muss bereits Anfang des 12. Jhs. entstanden sein, denn hier wurde vermutlich anno 1146 Gerald de Barri, besser bekannt als Giraldus Cambrensis, geboren. Seine Familie hielt das Anwesen bis ins 14. Jh., danach wechselte es häufig den Besitzer. Heute kann man später eingefügte Gebäude als Ferienwohnung mieten sowie das erhaltene Torhaus und die begehbaren Mauern und Türme besichtigen (◐ Ostern–Sept. tgl. 10.30–17.30 Uhr). Ganz in der Nähe liegt ein kleiner Sandstrand.

Weiter über die A 4139 erreichen Sie Lamphey. Biegen Sie fast am Ende des kleinen Ortes an der Kirche nach rechts und sofort wieder links ab, kommen Sie zum **Lamphey Bishop's Palace.** Vom frühen 13. Jh. an entstand hier einer von mehreren prachtvollen Landsitzen der Bischöfe von St. David's. Bis zum späten 16. Jh. wurden immer wieder neueste Errungenschaften – wie etwa halbrunde offene Kamine und runde Schornsteine – eingefügt, die schon großzügigen Hallen erweitert. Bischöfe waren eben adlige Machtpolitiker wie andere Fürsten auch.

 Wer Ruhe und ein gediegenes Ambiente schätzt, könnte ein georgianisches Haus, **The Court Hotel,** mit vier eindrucksvollen ionischen Säulen als Basis seiner Erkundungen wählen. Auf Sport (Fitnessraum, Schwimmbad, Tennis) muss dabei nicht verzichtet werden (Lamphey, neben dem Bischofspalast, ☎ 0 16 46/67 22 73, 🖷 67 24 80; $).

Von der südlichen Einbahnstraßenumgehung in Pembroke bringt Sie die B 4319 nach *Bosherston*. Doch ob man nach dem netten Dorf mit Seerosenteich, Kirche und zahlreichen Cafés noch 1 km weiter bis zur Steilküste fahren darf, hängt davon ab, ob die Luftwaffe gerade schießt (s. Warnschilder).

Hinter dem Parkplatz führt rechts eine Felsentreppe zu * **St. Govan's Chapel** hinunter. Historie und Legende verweben sich in der Geschichte des hl. Govan, eines irischen Missionars, der nach einem Rom-Aufenthalt in mehreren walisischen Klöstern lebte. Er soll hier überfallen worden sein, als er sich im Alter an die Küste Pembrokes zurückziehen wollte. Auf sein Stoßgebet hin öffnete sich der Felsen, und die Angreifer flohen. So baute er eine Zelle, fand noch einen Brunnen und starb hier 586. Neben der Steinkapelle lohnt der herrliche Blick auf die Küste den Abstecher. Spaziergänge auf den Klippen sind möglich, z. B. 5 km nach Westen zur Felsenbrücke **Stack Rocks** und der „green bridge of Wales".

Seit 1138 Gilbert de Clare, bekannt als Strongbow, der erste Earl of Pembroke wurde, gab die Stadt **Pembroke** im Südwesten den Ton an. Der Titel ging später u. a. an die Tewdwrs über: 1457 wurde der spätere Heinrich VII. hier ge-

Handschrift von Dylan Thomas, gezeigt in The Shack, Laugharne

I will not be in any any any way associated with Patricia; I cannot bear to be near her, I cannot bear to touch her, I cannot bear to be in her house, I cannot bear to eat or drink out of any vessel of hers, and I could not bear to own anything that ever had been hers... I cannot bear to touch her in any kind of way. That is why as far as I am concerned a divorce is no use, for a divorce means that you have supposedly had Patricia as a wife.

boren. Interessantester Teil des ausgedehnten **Pembroke Castle** ist der 25 m hohe Wehrturm aus dem frühen 13. Jh. Unten sind die Wände über 6 m dick, der Eingang befand sich im ersten von vier Stockwerken, welche Holzböden trennten. Erst 1928 wurde die heutige Steintreppe angefügt. Diverse Türme in der gut erhaltenen Außenmauer, die nahtlos in die Stadtmauer überging, belegen zudem die Wehrhaftigkeit der Anlage. (◯ April–Sept. 9.30–18 Uhr; März, Okt. 10–17; Nov.–Febr. 10 bis 16 Uhr; Juli/Aug. geführte Rundgänge.)

Vor der Burg zeigt das *Museum of the Home* (7 Westgate Hill) 3000 Alltagsgegenstände aus der guten alten Zeit: Spielzeug, Küchenutensilien, Tabakspfeifen ... (Kinder unter 5 Jahren sind nicht zugelassen.)

Commons Rd.,
☎ 0 16 46/62 23 88,
📠 62 13 96.
Pembrokeshire Coast National Park and Footpath: 8 a Castle Terrace,
☎ 0 16 46/ 68 21 48;
◯ April–Sept. tgl. 10–17 Uhr.

**Carew

Von der A 4075 und A 477 in Richtung Tenby biegt man hinter Milton auf die A 4075 nach Carew (2 km) ab und gelangt vom Parkplatz an der Burg zunächst zum *Carew Cross*, einem fast 5 m hohen Steinkreuz mit geometrischen Verzierungen, das 1035 für den gefallenen walisischen Prinzen Maredudd errichtet wurde.

Carew Castle ist ein herausragendes Beispiel für die Umwandlung einer Burg in ein luxuriöses Wohnhaus. Das erste Gebäude gab es hier wohl bereits im späten 11. Jh., die Steinburg entstand zwischen 1270 und 1320. Um 1480 fügte man die große Bankettshalle ein, nach dem Verkauf an Sir John Perrot 1558 wurde der Nordteil im Stil der Zeit umgebaut. Hallenartige Säle und riesige Fenster zeigen, dass die Bewohner sich nicht mehr bedroht fühlten. (◯ Ostern–Okt. tgl. 10–17 Uhr.)

In der 1558 erbauten und im 19. Jh. restaurierten *Tidal Mill* können Sie sich vor dem Rückweg nach Tenby über die Geschichte des Getreideanbaus und die Funktionsweise der Wassermühle informieren (◯ wie Carew Castle).

Haverfordwest und **St. David's

Die Route setzt sich nun von Tenby ebenfalls über Pembroke fort und führt in die freundliche und lebhafte Marktstadt **Haverfordwest** mit Burg, Museum und georgianischen Häuserzeilen, die unter Denkmalschutz stehen.

Old Bridge, Haverfordwest,
☎ 0 14 37/76 31 10;
📠 76 77 38.
Pembrokeshire Coast National Park: County Offices, Haverfordwest, Dyfed SA61 1QZ, ☎ 0 14 37/76 45 91, Verwaltung und Hauptinformationszentrum; Dyfed Wildlife Trust, 7 Market St., Haverfordwest, Dyfed SA61 1NF, ☎ 0 14 37/76 54 62; beide ◯ April bis Sept. tgl. 10–17 Uhr.

Tipp Die Vogelschutzinseln **Skomer** und **Skokholm** zählen zu den bekanntesten Teilen des Pembrokeshire Coast National Park (s. S. 51) und bieten unzähligen verschiedenen Seevögeln ein Refugium.

Dyfed Wildlife Trust (s. o.). Bootsverbindung nach Skomer ab St. Martin's Haven bei Marloes von April bis Okt. tgl. außer Mo, nach Skokholm von Juni bis Aug. nur Mo. Buchung erforderlich bei Tourist Information Broad Haven, ☎ 0 14 37/ 78 14 12. Eine weitere Bootsverbindung: Dale Sailing Co., Brunel Quay, Neyland, ☎ 0 16 46/ 60 16 36.

Von Haverfordwest führt die gut ausgebaute A 487 weiter nach Nordwesten und streift bei Newgale kurz die Küste und den langen, bei Flut aber schmalen Strand. 5 km weiter ist mit Solva ein nettes Dorf erreicht.

**St. David's

Das *Marine Life Centre* am Ortseingang erklärt Meeres- und Strandfauna der Umgebung; Fische, Hummer und Krebse sind aus nächster Nähe zu betrachten. Ein weiteres Aquarium, mit kleinen Haien und Mantas, finden Sie im Ort: das *Oceanarium* (42 New St.).

Obwohl St. David's nicht mehr Häuser als ein Dorf zählt, ist es seit 550 eine *city* mit Kathedrale, denn damals verlegte der hl. David sein Kloster hierher. Schon Wilhelm der Eroberer pilgerte – wie zahllose weitere Könige – nach St. David's, denn zwei Pilgerreisen an die Südwestecke von Wales ersetzten eine nach Rom. 1088 machten Wikin-

St. Govan's Chapel an der Küste von Pembrokeshire

Giraldus Cambrensis

Im März und April 1188 bereiste Cambrensis Wales – auf einer ganz ähnlichen Route wie dieser Reiseführer – und hielt seine Beobachtungen in einem Tagebuch fest, allerdings in Latein.

Er wurde 1145 oder 1146 in Manorbier Castle geboren, als Sohn des normannischen Ritters William de Barri und Angharad, Tochter einer walisischen Prinzessin und eines anglonormannischen Adligen. Obwohl also nur ein Viertel walisisches Blut in Geralds Adern floss, haben die Waliser den Kirchenmann als einen der Ihren akzeptiert und lesen bis heute seine Reisebeschreibungen.

Schon früh drängten sein Vater und ein Onkel, der Bischof von St. David's, den jungen Mann zu einer Karriere in der Staatskirche, so lernte er klassisches Latein und studierte in Paris. Zurück in Wales, betätigte er sich offenbar als eifriger Sittenwächter: Archidiakon von Brecon wurde er, nachdem er den Amtsinhaber angeschwärzt hatte, der mit einer Frau zusammenwohnte.

Gerald sah seinen Lebenszweck darin, Erzbischof von St. David's zu werden, um die dem Erzbischof von Canterbury untergeordnete Diözese direkt dem Papst zu unterstellen – was ihm allerdings trotz langjähriger Kämpfe nie gelang. Als Feldkaplan begleitete Gerald Heinrich II. 1184 auf seinen irischen Kriegszügen und verfasste die ersten Bücher über Topographie und die Eroberung Irlands. Auch seine Reise durch Wales verfolgte keinen friedlichen Zweck, begleitete er doch Baldwin, Erzbischof von Canterbury, als dieser Rekruten und Geld für den dritten Kreuzzug sammelte. Seine Verwandtschaft mit den walisischen Prinzen trug zweifellos zum Erfolg dieser Mission bei.

Geralds Lebensziel stand wohl entgegen, dass viele Kollegen seinen scharfen Intellekt fürchteten – und das englische Königshaus, das bei der Bestallung der Bischöfe immerhin das vorletzte Wort vor dem Papst hatte, seine wachsende Macht. Nach einer langen, erfolglosen Rom-Reise zog sich Gerald frustriert nach England zurück. Hochbetagt starb er 1223 an unbekanntem Ort, in der Kathedrale von St. David's gibt es nur ein Ehrengrab.

ROUTE 1

ger alle christlichen Bauten dem Erdboden gleich.

Die jetzige **St. David's Cathedral** wurde von 1180 bis ins 14. Jh. errichtet, um- und ausgebaut. Die Kathedrale hat eine Länge von 100 m, das Hauptschiff misst in der Breite 23 m, jedes Querschiff 44 m. Beeindruckend die flache geschnitzte Decke aus irischer Eiche und der Lettner aus dem 15. Jh. Oberhalb der Thomas-Kapelle (nördl. Seitenschiff) werden in der Bibliothek wertvolle mittelalterliche Bände aufbewahrt. Hinter dem Lettner finden sich 28 Chorstühle (von 1470) sowie der Bischofssitz. Das Presbyterium mit dem Schrein des hl. David schließt an der Nordseite an: Dort ruht, in der Mitte des Raumes, Edmund Tewdwr, Vater Heinrichs VII. Zahlreiche eingemauerte Knochen, die u. a. den Heiligen David und Justinian zugeschrieben werden und vielleicht während der Reformation versteckt wurden, fand man in der Rückwand der nun abgetrennten *Bishop Vaughan's Chapel* mit feinem Fächergewölbe (16. Jh.) Heute liegen sie in der in der Nische stehenden Kiste. Die *Lady Chapel* im Osten der Kathedrale wurde erst 1775 umgestaltet und wirkt vergleichsweise modern.

Nur durch einen Bach von der Kathedrale getrennt steht **Bishop's Palace**, zwischen 1280 und 1350 für die VIPs unter den Pilgern erbaut. Seit Anfang des 16. Jhs. verfällt er, doch lassen sich aus den Mauerresten Grundriss und Nutzung der Bauten erschließen.

Ihrer heutigen profanen Nutzung – Sonnenbaden, Schwimmen und auch Surfen – zum Trotz tragen die meisten der umliegenden Buchten die Namen von Heiligen und Eremiten. David soll in **St. Non's Bay** geboren worden sein, und auch in anderen Buchten finden sich Reste kleiner Kapellen.

 auch *Pembrokeshire Coast National Park and Footpath:* The City Hall, High St., ☎ 0 14 37/72 03 92; ◐ April–Sept. tgl. 10–17 Uhr).

 Old Cross, Cross Sq., ☎ 0 14 37/72 03 87, 📠 72 03 94. Gut ausgestattetes, älteres Hotel am Dorfplatz. ◐ März–Okt. $))
Waterpool Court House, an der Straße nach St. Non, ☎ 0 14 37/72 03 00, 📠 76 06 76. Großes Herrenhaus mit allem Komfort in ausgezeichneter Lage, Blick aufs Meer. $))
Cmwdig Water (sprich „kumudig"), Berea, 5 km nördlich von St. David's, ☎ 0 13 48/83 14 34. Ein ruhiges Gästehaus inmitten grüner Felder, abseits des Trubels von St. David's; hervorragende Küche. $)
Y Glennydd, 51 Nun St., ☎ 0 14 37/72 05 76, 📠 72 01 84. Gut ausgestattetes, solides B & B am Ortsrand von St. David's. $

Morgan's Brasserie, 20 Nun St., ☎ 72 05 08. Frischer Fisch und walisische Spezialitäten werden in diesem preisgekrönten kleinen Restaurant aufgetischt. $)

Tipp **Ausflug auf die Insel Ramsey:** Es dürfen nur 40 Besucher pro Tag auf der Vogelschutzindel landen, um gefiederte Flugkünstler und Seehunde zu beobachten, eine Vorausbuchung ist deshalb unumgänglich (☎ 0 14 37/72 02 85; tgl. 10–15.15 Uhr). Interessante zweistündige Inselumrundung per Boot mit Beobachtung der Tierwelt – und ein wenig Seemannsgarn bieten Thousand Islands Expeditions, Cross Sq., St. David's, ☎ 0 14 37/72 16 86.

Von **St. David's zu den *Preseli Hills

Die abwechslungsreiche Küste nördlich von St. David's lockt zu langen Spaziergängen. Fährt man mit dem Auto über die A 487 in Richtung Fishguard, sollte man nach St. Nicholas abbiegen und bis *Strumble Head** weiterfahren; die Klippenlandschaft und der Leuchtturm entschädigen reichlich für den

Umweg. Zudem kommen Sie an *Melin Tregwynt* vorbei, einer vor allem für ihre Wolldecken bekannten Weberei (◷ Mo–Fr 9–17 Uhr; Laden auch Sa 9 bis 17.30 Uhr).

 Im *Llangloffan Cheese Centre* (von der Kreuzung 1 km südl.) dürfen Sie walisische Käsespezialitäten probieren. Den Herstellungsprozess sieht allerdings nur, wer pünktlich um 10 Uhr vor der Tür steht (◷ Mai–Aug. Mo bis Sa, April, Sept.–Okt. Mo/Mi/Do/Sa, 10–12.30 Uhr; Laden tgl. geöffnet).

Spätestens seit hier 1971 „*Under Milk Wood*" mit Richard Burton und Liz Taylor verfilmt wurde, kennt jeder Waliser **Fishguard.**

Eher kurios war, was sich am 22. Februar 1797 auf den Klippen außerhalb der Stadt zutrug: Als eine Armee von 1400 französischen Legionären unter dem Oberbefehl des amerikanischen Generals Tate landete, befand sie sich in solch jämmerlichem Zustand, dass sie sich zwei Tage später 575 walisischen Soldaten ergab.

Natürlich wissen die Waliser immer noch eins draufzusetzen und erzählen, dass die Eroberer sich ergaben, weil sie die vielen walisischen Frauen mit roten Tüchern auf den Klippen für englische

Kathedrale von St. David's

Das Städtchen Fishguard an der Pembrokeshire Coast

Coracle auf dem Teifi-Fluss

Coracles

Coracles sind kleine korbförmige Boote, in Wales aus Weide, in anderen Teilen der Welt, z. B. Irak und Vietnam, auch aus Haselnuss oder Bambus. Die Äste werden gespalten und in einem speziellen Gestell zu Latten abgehobelt, dann geflochten oder zusammengebunden. Sie geben dem kleinen Gefährt die Form. Darüber wurden früher Felle gespannt, heute nimmt man Leinentuch und tränkt es mit Teer, damit kein Wasser eindringen kann. Ein Brett als Sitzbank wird eingepasst, ein Griff montiert, und schon ist das Einmannboot fertig. Es wurde vor allem zum Fischen benutzt: Zwei Fischer spannten ein Netz zwischen ihre Boote und ließen sich flussabwärts treiben. Flussaufwärts erzeugten sie mit einem einzelnen Paddel durch achterförmige Bewegungen vor dem Boot einen Sog, der das Gefährt bewegte.

ROUTE 1

Elitesoldaten hielten. Namentlich erwähnt wird gern Jemima Nicholas, die allein 14 Franzosen gefangennahm und dafür mit einer lebenslangen Rente belohnt wurde. Lohnenswert sind ein kurzer Bummel durch die Stadt und ein Blick auf den kleinen alten Hafen.

Town Hall, The Square,
☎ 0 13 48/87 34 84;
🕙 9–17.30 Uhr.

Durch die *Preseli Hills nach Cardigan

Östlich von Fishguard ragt der *Pembrokeshire Coast National Park* weit ins Landesinnere und umschließt die bis 600 m hohen *Preseli Hills.* Unzählige Schafe weiden auf saftigen Wiesen. Andere Gebiete wurden mit Nadelwäldern aufgeforstet. Die Gegend besitzt aber auch historische Bedeutung, da sie schon vor mehr als 4000 Jahren besiedelt war, was zahlreiche Gräber und stehende Steine aus der Bronzezeit belegen. Es gilt zudem als sicher, dass die Monolithen für den inneren Steinzirkel von Stonehenge von hier stammen.

Tief in die eindrucksvolle Hügellandschaft hinein führen die B 4313 und die B 4329. Um Zeugnisse der Bronzezeit aufzuspüren, begibt man sich am besten ein paar Tage auf Wanderschaft. Aber bitte informieren Sie sich vorher genauestens über Wege und Wetterbedingungen (z. B. in Fishguard, s. S. 57).

Mit dem Auto leicht erreichbar ist *Pentre Ifan (von B 4329 und A 487 ausgeschildert; dann zeigt an einer Parkbucht ein Schild ins Feld, von dort 200 m Fußweg). Es handelt sich dabei um ein neolithisches Gemeinschaftsgrab. Heute stehen noch fünf große Steine, auf dreien liegt eine 5 m lange und 16 t schwere Deckenplatte. Die eigentliche Grabkammer war von einem 36 m langen Steinhügel umgeben.

Fahren Sie nun (über die A 487 und B 4582) nach **Nevern,** wo in einem sehr schönen schattigen Friedhof die *Church of St. Brynach* (15. Jh.) steht. Von Interesse sind vier historische Steine, von denen zwei als Fensterbänke ins südliche Querschiff eingebaut sind. Die Inschriften in Latein und Ogham (einer Kombination von geraden Strichen an zwei Kanten eines Steins) auf dem „Maglocunus-Stein" (ca. 5. Jh.) bedeuten: „Monument des Maglocunus, Sohn des Clutorius". Auf dem Kreuzstein der anderen Fensterbank (aus dem 10. Jh.) ist nach keltischem Vorbild ein Kreuz aus Seilen geformt. Draußen steht direkt neben dem Eingang der „Vitalianus-Stein" (wohl ebenfalls 5. Jh.) mit kaum noch erkennbaren Inschriften in Latein und Ogham. Einige Schritte entfernt ragt das fast 4 m hohe keltische Kreuz aus dem 10. Jh. auf. Es zeigt auf allen vier Seiten geometrische Muster; die unendlich verschlungenen Seile symbolisieren die Ewigkeit.

Wieder auf der A 487 geht es nach wenigen Kilometern links nach *Castell Henllys,* wo Archäologen Überreste einer keltischen Festung aus der Bronzezeit fanden. Man rekonstruierte vier strohgedeckte Rundhäuser und einige Unterstände (🕙 Ostern–Okt. tgl. 10–17 Uhr).

Über die A 487 und die B 4332 gelangt man nach *Cenarth*. Dort hat Martin Fowler, der zuerst die Wassermühle nebenan betrieb, im **Welsh Coracle Centre** eine ganze Reihe von *coracles* (s. S. 57), nicht nur aus Wales, gesammelt und kann auch ihre Herstellung demonstrieren (🕙 Ostern–Okt. tgl. außer Sa 10.30–17.30 Uhr).

Nun führt die A 484 nach *Cardigan*. Südlich der Stadt führen im **Welsh Wildlife Centre** Spazierwege zu Tierbeobachtungsstationen (🕙 April–Okt. tgl. 9.30 bis Sonnenuntergang). Klippen, Buchten und kleine Häfen beidseits der Teifi-Mündung laden ebenfalls zu ausgiebigen Spaziergängen ein.

Theatr Mwldan,
Bath House Rd.,
☎ 0 12 39/61 32 30.

Route 2

Schwarze Berge, grüne Hügel

Chepstow – **Tintern Abbey – *Monmouth – Honddu-Tal – Hay-on-Wye – Tretower – *Brecon – *Carreg Cennen Castle – Dinefwr (ca. 240 km)

Grüne Hügel mit unzähligen Schafen, vereinzelte Bauernhöfe aus Naturstein und enge Straßen – so sieht es im Nationalpark der Brecon Beacons aus. Spazierwege führen zu Wasserfällen, Kalksteinhöhlen und Marksteinen, die hier bereits seit 3000 Jahre stehen. Gemütliche Marktflecken wie Brecon können als Stützpunkt dienen, diese geruhsame Landschaft in zwei bis drei Tagen zu durchstreifen.

In den Preseli Hills

Pentre Ifan wurde vor 5000 bis 4000 Jahren angelegt

Entlang dem Wye (Avon Gwy)

Die strategisch günstige Lage der Stadt **Chepstow** an der Mündung des Wye fiel schon den Römern auf, die hier ihr Kastell Gwent errichteten. Ihnen folgten andere mit anderer Zielsetzung: Das Wort Chepstow stammt aus dem Sächsischen, es bedeutet „Marktstadt".

Die Ursprünge des heutigen *Chepstow Castle* auf einem steilen Felsen oberhalb des Wye reichen ins 11. Jh. zurück, als der Normanne William FitzOsbern hier die vermutlich erste turmartige Steinburg auf britischem Boden errichtete. Im Bürgerkrieg belagerten die Parlamentstruppen zweimal die Burg, die sie erst nach dem Aushungern der Bewohner und zähem Kampf eroberten. Heute sind große Teile der Burg res-

Church of St. Brynach mit dem schönen keltischen Hochkreuz

ROUTE 2

tauriert, mehrere Ausstellungen veranschaulichen ihre Geschichte. Doch lohnt allein die phantastische Lage oberhalb des Flusses mit Blick nach England einen Rundgang (April bis Okt. tgl. 9.30–18.30 Uhr; Okt.–März Mo–Sa 9.30–16 Uhr, So 11–16 Uhr).

Gegenüber der Burg illustriert das *Chepstow Museum* die Geschichte des Ortes.

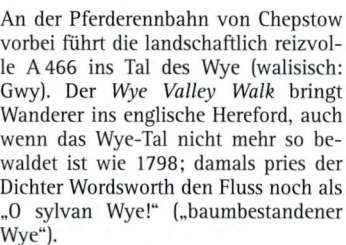

Castle Car Park,
Bridge St.,
☎ 0 12 91/62 37 72.

An der Pferderennbahn von Chepstow vorbei führt die landschaftlich reizvolle A 466 ins Tal des Wye (walisisch: Gwy). Der *Wye Valley Walk* bringt Wanderer ins englische Hereford, auch wenn das Wye-Tal nicht mehr so bewaldet ist wie 1798; damals pries der Dichter Wordsworth den Fluss noch als „O sylvan Wye!" („baumbestandener Wye").

Rund 10 km nördlich von Chepstow liegt ****Tintern Abbey**. Im Gefolge der normannischen Eroberungen breiteten sich auch die in Frankreich beheimateten christlichen Orden auf den Britischen Inseln aus. So gründete Walter de Clare, Lehnsherr über Chepstow, bereits 1131 das Zisterzienserkloster von Tintern. Mit einer zunehmenden Zahl adliger Gönner wuchs die Abtei, bis im späten 13. Jh. die kathedralenähnliche gotische Abteikirche erbaut wurde.

Nachdem sich Heinrich VIII. zum Oberhaupt der anglikanischen Kirche ernannt hatte und der Beschluss zur Auflösung der Klöster gefasst war, gehörte Tintern 1536 zu den ersten Abteien, deren Mönche mit einer Pension entlassen wurden und deren Wertgegenstände in die Schatulle des Königs wanderten. Im Laufe der Zeit verfiel nicht nur die Kirche, deren Dach abgedeckt worden war, um das Blei einzuschmelzen; auch die umliegenden Gebäude verkamen. Zwar erfuhr die Idylle von Landschaften und Ruinen im Zeitalter der Romantiker neue Wertschätzung, leider wurden mit dem „Schutt" aus den Gebäuden aber auch wertvolle Steinmetzarbeiten in den Fluss geräumt, und Efeuwuchs schädigte das Mauerwerk. William Turners romantischem Gemälde (1794) entspricht die Abtei heute nicht mehr; sie strahlt ihre strenge Klarheit aus (März–Okt. tgl. 9.30–18.30 Uhr; Nov. bis März Mo–Sa 9.30–16 Uhr, So 11 bis 16 Uhr; Tonbandführung auf Englisch).

Tipp Das Dorf Tintern besteht aus nur wenigen Häusern, darunter mehrere Läden, Cafés und Pubs. Eine interessantere Gelegenheit für eine Pause bietet 1 km hinter dem Ort die **Tintern Old Railway Station**. Mehrere alte Waggons bilden den Grundstock einer Ausstellung über die Bahnlinie durchs Wye-Tal, im alten Bahnhof gibt es Tee und Kuchen.

Von *Monmouth nach Abergavenny

Man sollte unbedingt von Süden her in die kleine Marktstadt ***Monmouth** fahren, denn dort bewacht seit dem 13. Jh. die *Monnow Bridge den Zugang. Sie ist die einzige befestigte Brücke in Wales. Direkt rechts hinter der Brücke findet montags und freitags vormittags ein Viehmarkt statt, zu dem Bauern aus der ganzen Umgebung strömen. Dann geht es die Haupteinkaufsstraße, die Monnow Street, zum *Agincourt Square* hinauf, wo man in einem der Pubs verschnaufen und den Blick zur *Shire Hall* von 1724 (heute mit Touristeninformation, ☎ 0 16 00/71 38 99) hinüberwandern lassen sollte. In deren Fassade wurde 1792 eine Statue Heinrichs V. eingearbeitet, die auch den Namen des Platzes erklärt: der durch Shakespeare unsterblich gewordene König erzielte 1415 dort einen großen Sieg über die Franzosen. Laut Shakespeare kämpften die Waliser tapfer. Eben dieser Heinrich wurde 1387 im Schloss von Monmouth geboren.

ROUTE 2

Bevor Sie sich dorthin begeben, sollten Sie noch des Herrn gedenken, den die zweite Statue auf dem Platz ehrt: Charles Stewart Rolls tat sich einst mit einem Herrn Royce – ein Engländer – zusammen, um Autos zu bauen. Sein Hobby blieb jedoch die Fliegerei, die ihm 1910 zum Verhängnis wurde.

Vom Nordende des Platzes führt eine schmale Gasse hinauf zum *Castle*, von dem aber nur noch einige Mauerreste stehen. Im 13. Jh. gelangte die Burg in den Besitz des Duke of Lancaster, eines Bruders des Königs. 1646 wurde sie von Parlamentstruppen geschleift, doch nach der Restauration Karls II. entstand das große Haus an der Nordseite des Platzes, das heute ein *Militärmuseum* und eine Pioniertruppe beherbergt.

Zurück auf der Priory Street gelangen Sie links zur Nachbildung der Market Hall von 1969 – die viktorianische Markthalle ist abgebrannt.

Die Fußgängerzone führt schließlich zur kleinen Pfarrkirche *St. Mary's*, wo schon im 12. Jh. eine Kirche stand, die die Normannen abrissen. Bis auf den Turm stammt der jetzige Bau weitgehend von 1881. Beachtung verdienen

Im idyllischen Wye-Tal

Tintern Abbey: eines der ersten Zisterzienserklöster in Wales

Offa's Dyke Path

Offa, der König von Mercia, zog die erste Grenze zwischen der Halbinsel im Westen, die heute Wales heißt, und dem Rest des Landes – einen etwa acht Meter hohen und zudem mit Graben versehenen Erdwall, der über 285 km von Chepstow im Süden bis Prestatyn im Norden reichte. Einige Überreste davon sind bis heute auszumachen, vor allem im Wye-Tal, in den Hügeln von Shropshire und südlich von Chirk.

An diesen Stellen folgt der mit weißen Eicheln und gelben Richtungspfeilen markierte Fernwanderweg dem Verlauf des Walls, sonst schlägt er abseits des Verkehrs Pfade über die Black Mountains und die Clwydian Range ein. Oft gilt es beträchtliche Höhenunterschiede zu meistern, aber dafür belohnen auch herrliche Ausblicke. Für Mountainbiker und Reiter ist Offa's Dyke ungeeignet. Eine große Strecke führt er übrigens durch Privatland, weshalb Wanderer hier besondere Rücksicht nehmen sollten.

Die Endpunkte sind per Zug erreichbar, allerdings ist die Nord-Süd-Verbindung recht umständlich. Informationen erhält man bei Offa's Dyke Association, West St., Knighton, Powys LD7 1EN, ☏ 0 15 47/52 87 53. Wegbeschreibungen und Karten bei: Countryside Commission Postal Sales, PO Box 124, Walgrave, Northampton NN6 9TL.

ROUTE 2

die geschnitzten Chorschranken, die Buntglasfenster mit Heiligendarstellungen sowie die Holzdecke.

Über die gut ausgebaute A 40 gelangt man in Kürze zu *Raglan Castle. Diese Burg unterscheidet sich sehr von der in Chepstow (und den meisten anderen Burgen in Wales) und erinnert vielmehr an Agincourt in Frankreich, das Sir William ap Thomas, der Bauherr des frühen 15. Jhs., als Krieger Heinrichs bewunderte und hier mit vieleckigen Türmen und hübschen Zinnen nachbildete. Dennoch diente die Burg der Verteidigung, was der große „gelbe Turm" mit eigenem Wassergraben bei der Belagerung durch die Parlamentstruppen 1646 unter Beweis stellte. Die Mauern sind größtenteils noch in voller Höhe erhalten (◔ Mo–Sa 9.30–16.30 Uhr, So 11–16 Uhr).

Weiter über die A 40 erreicht man **Abergavenny**, einen lebhaften Marktflecken (dienstags Markt) am Zusammenfluss von Usk und Gavenny. Auch hier bauten die Römer eine Festung und die Normannen ein *Castle*, von dem aber nur wenig erhalten blieb. Die Kirche *St. Mary's* stammt weitgehend aus dem 14. Jh.

> Swan Meadow, Monmouth Rd., ☎ 0 18 73/ 85 75 88, 📠 85 02 17.

Penyclawdd Court, Llanfihangel Crucorney, ☎ 0 18 73/89 07 19, 📠 89 08 48. Ein unter Denkmalschutz stehendes Tudor-Haus versetzt einen in die Vergangenheit; 3 km nördlich von Abergavenny, wo die Straße ins Honddu-Tal abzweigt. Ⓢ
Pentre House, Brecon Rd., ☎ 0 18 73/85 34 35. Privates Gästehaus am Ortsrand in großem Garten. Ⓢ

Walnut Tree Inn, Llanddewi Skirrid, ☎ 85 27 97 (etwa 5 km östlich von Abergavenny an der B 4521). Seit Jahren bringen Ann und Franco Taruschio

italienischen Touch in die stets aus frischen Zutaten und Kräutern bereiteten Speisen. Lamm und Fisch stehen im Mittelpunkt. Ⓢ))

Durch den Brecon Beacons National Park

Fast kahle Hügel, landwirtschaftlich nur als Schafsweiden geeignet, und einsame Gehöfte sind Markenzeichen des 1350 km² großen **Brecon Beacons National Park**, in dem Bruce Chatwins Roman *„On the Black Hill"* spielt. Nur 30 000 Menschen stehen in den Brecon Beacons 4 Mio. Schafen gegenüber. Der Name erinnert an die *beacons,* mittelalterliche Signalfeuer, die auf den Hügeln entzündet wurden. Bei einer Fahrt durchs *Honddu-Tal* gewinnt man guten Einblick in diese stellenweise bizarre Landschaft; die einspurige Straße zweigt etwa 6 km nördlich von Abergavenny in Llanfihangel Crucorney von der A 465 ab.

> **Tipp** Die Brecon Beacons sind ein beliebtes Gebiet für Pony- und Pferdetrekking, das viele Bauernhöfe anbieten. Geprüfte Zentren sind z. B.:
> **Cadarn Riding Farm,** Three Cocks, Brecon, ☎ 0 14 97/84 76 80;
> **Black Mountain Holidays,** Castle Farm, Capel-y-Ffin, ☎ 0 18 73/89 06 50;
> **Grange Trekking Centre,** Capel-y-Ffin, ☎ 0 18 73/ 89 02 15.

Gut 8 km weiter liegt in östlicher Richtung **Llanthony Priory,** die Ruinen einer Augustinerabtei, deren Nebengebäude zu einem Hotel mit Kneipe umgebaut wurden. Sie war 1175 als erstes Kloster dieses Ordens in Wales in dem damals noch bewaldeten, einsamen Tal gegründet worden. Nach dem Verfall zog sich Ende des 18. Jhs. der romantische Dichter Walter S. Landor hierher zurück, so begann die profane Nutzung.

Das winzige Dorf *Capel-y-Ffin* zog früher mit zwei Kapellen Eremiten an, vereint heute jedoch nur noch einige Bauernhöfe und etwas außerhalb eine sehr bodenständige Jugendherberge.

ROUTE 2

Mit 676 m Höhe bietet der *Hay Bluff* einen hervorragenden Ausblick über die Täler und bis hinunter ins einst idyllische Flussdörfchen **Hay-on-Wye**. Doch seit Richard Booth 1961 hier Einzug hielt, um alte Bücher zu verkaufen, herrscht lebhaftes Treiben im Ort; mehr als 1 Mio. Bücher werden in den vielen *second-hand bookshops* pro Jahr umgesetzt. Als geborener PR-Mann erklärte Booth das Städtchen am 1. April 1977 für unabhängig von England und Wales und kandidierte 1983 (erfolglos) für das Parlament in London. Natürlich wohnt er im lokalen Normannenschloss, das seither nicht mehr zugänglich ist.

Blick in die Weite über die Ruinen von Raglan Castle hinweg

Über die B 4350 und die gut ausgebaute A 438 geht es nun in Richtung Brecon, ein guter Standort für die Erkundung der Region. Doch bereits unterwegs gibt es angenehme Herbergen:

Über dem Honddu-Tal

Bruce Chatwin, „On the Black Hill"

„Zweiundvierzig Jahre lang schliefen Lewis und Benjamin Jones Seite an Seite im Bett ihrer Eltern, auf ihrem Bauernhof, der unter dem Namen ‚Die Vision' bekannt war." So beginnt Bruce Chatwin, der 1989 jung verstorbene Journalist und Reiseschriftsteller, seinen ersten Roman. Er schildert das Leben der Menschen auf ihren einsamen Höfen in den Black Mountains, einem schmalen Bergzug, der im Osten die Grenze zwischen Brecon Beacons National Park und England markiert. Eine Fahrt ins Dorf oder gar zum Markt nach Hereford ist hier noch ein Abenteuer. Und so treffen bei gesellschaftlichen Anlässen – wie dem sonntäglichen Gottesdienst, einer Beerdigung, der Viehversteigerung oder Versammlungen zur Kriegspropaganda – eigenwillige Gestalten aufeinander: Sam the Waggon, Morgan the Bailey, Watkins the Coffin, Jim the Rock – benannt nach Beruf oder dem Namen ihres Hofes. Dass die Zwillinge Lewis und Benjamin unzertrennlich sind, fällt hier nicht weiter auf.

Die Geschichte des 20. Jhs. liefert den Hintergrund für den eigentlichen Plot in der Abgeschiedenheit der rauen Natur. Dorfbewohner sterben auf den Schlachtfeldern des Ersten Weltkriegs, Flugzeuge tauchen auf, Autos, Traktoren, schwarze amerikanische Soldaten – doch nichts bringt den ewig gleichen Ablauf der Jahreszeiten und der Arbeit auf den Feldern ins Wanken.

Das Buch ist auf Deutsch unter dem Titel „Auf dem schwarzen Berg" erschienen (Fischer Verlag 1990, Hanser 1992) und wurde verfilmt.

ROUTE 2

Three Cocks, im winzigen Ort Three Cocks an der A 438, ☎/📠 0 14 97/84 72 15. Das alte Landgasthaus wurde umsichtig modernisiert und ist Stätte hervorragender Kochkunst. ⓢ–ⓢⓢ

An der A 470 (in Richtung Builth Wells) locken in **Llyswen** zwei weitere Unterkünfte:

Llangoed Hall, ☎ 0 18 74/75 45 25, 📠 75 45 45. Nur 23 individuell eingerichtete Zimmer in einem stilvollen Landhaus aus dem 17. Jh. ⓢⓢⓢ

Griffin Inn, ☎ 0 18 74/75 42 41, 📠 75 45 92. Naturfreunde und Angler schätzen das grün bewachsene Gasthaus aus dem 15. Jh. ⓢ

Abstecher nach Tretower und Crickhowell

Wem genug Zeit bleibt, der sollte den Umweg über die landschaftlich schöne A 479 zu *Tretower Court and Castle nicht scheuen. An einer strategischen Wegkreuzung entstand hier im frühen 11. Jh. eine kleine normannische Burg, zunächst wohl aus gestampfter Erde und Holz und umgeben von einem Wassergraben. Anfang des 13. Jhs. wurde sie durch einen dreistöckigen runden Wehrturm aus behauenen Bruchsteinen und eine Steinmauer ersetzt. Im friedlicheren 14. Jh. fand die hier ansässige Adelsfamilie Picard das Leben in dem engen Turm zu unbequem und begann mit dem Bau eines Wohnhauses außerhalb der Befestigungen. Der Nordflügel (vom Eingang rechts) entstand zuerst; später wurde der Westflügel (geradeaus) angefügt; und Ende des 15. Jhs. war der Innenhof durch begehbare Mauern und ein Torhaus vollständig umschlossen. Bemerkenswert vor allem die geschnitzten Dachbalken und die Fenster. Im Sommer wird der Innenhof für stimmungsvolle Theateraufführungen genutzt (☎ 0 12 22/50 02 00).

Einer der idyllischsten Orte der Region ist **Crickhowell.** Viele Häuser prunken in üppigem Blumenschmuck, und kleine Läden, Cafés und Hotels wirken einladend. Westlich des Ortes überspannt eine 13-bogige Steinbrücke den Usk, und wenn man den Hügel hinansteigt, gelangt man zum *Brecon-Pontypool Canal,* auf dem heute Urlaubsboote verkehren. Der herrliche Blick über den Ort reicht bis zum *Sugar Loaf Mountain,* einen Tafelberg, der das Tal im Osten begrenzt.

Gliffaes Country House, 4 km westlich von Crickhowell abseits der A 40, ☎ 0 18 74/73 03 71, 📠 73 04 63. Etwas Größeres, privat geführtes Hotel in einem großen Park. ⓢⓢ

Ty Croeso, Dardy, Llangattock, ☎ 📠 0 18 73/81 05 73. Aus einem viktorianischen Arbeitshaus entstand ein elegantes Hotel mit Ausblick über das Usk-Tal und gutem Essen. ⓢⓢ

*Brecon

Nun geht es über die A 40 gen Norden zurück nach Brecon. Wo der Honddu in den Usk mündet (daher walisisch: Aberhonddu), legten die Römer ein Kastell an; von dem einst hier herrschenden Häuptling Brychan ist der englische Name abgeleitet. Im Bürgerkrieg schleiften die Städter selbst die von Normannen errichtete Burg, um vor Belagerungen sicher zu sein.

Wo im 11. Jh. Benediktinermönche auf einem Hügel ein kleines Kloster errichteten, steht die *Kathedrale, in der Giraldus Cambrensis (s. S. 55) Ende des 12. Jhs. als Archidiakon wirkte. Das heutige Gebäude stammt jedoch vorwiegend aus dem 13. und 14. Jh. Vor allem der Chor mit Fenstern, der erst bei einer Renovierung im 19. Jh. vollendet wurde, ist sehenswert; ein alter Friedhof lädt zum Sinnieren ein.

Ausgesprochen lebhaft geht es hingegen auf dem dreieckigen **Marktplatz** zu, den eine Statue des Duke of Wellington ziert. In der High Street wurde 1755 in einem Pub namens „Hammelschulter" die spätere Schauspielerin Sarah Siddons geboren, zu deren Ehren der Name des blumengeschmückten

ROUTE 2

Pubs geändert wurde. Spaziert man die Straße in die andere Richtung hinunter, fällt rechts der säulengemückte Zugang der neogriechischen Shire Hall (1843) ins Auge. Drinnen stellt das **Brecknock Museum** Geschichte und Alltagsleben der Region dar.

Den Beweis, dass auch in Wales gute Geister ins Wasser fahren, tritt das **Welsh Whisky Centre** an (am westlichen Kreisverkehr zwischen A 40 und A 470). Auch hochgeistige Getränke werden ausgeschenkt, wenn ganz Brecon Anfang August beim *Jazz Festival* swingt (☎ 0 18 74/62 55 57).

Cattle Market Car Park, ☎ 0 18 74/62 24 85, 🖷 62 52 56.
Mountain Centre (von der A 470 bei Libanus ausgeschildert), umfassende Informationen zum Nationalpark; ☎ 0 18 74/62 33 66.

Castle of Brecon, Castle Square, ☎ 0 18 74/ 62 46 11, 🖷 62 37 37. Bietet 43 Zimmer des gehobenen Standards in Anbauten der ehemaligen Burg. $⟩
Beacons Guest House, 16 Bridge St., ☎ 🖷 0 18 74/ 62 33 39. Familengeführte Pension in einem georgianischen Haus am Ortsrand. $
Highgrove Farm, Llanhamlach, ☎ 0 18 74/66 54 89. Bauernhof nahe des Llangorse-Sees (nahe der A 40 südöstlich von Brecon). $

Lansdowne, 39 The Watton, ☎ 62 33 21. Offeriert traditionelle kontinentale Kost unter Eichenbalken. Auch Hotel. $⟩
Pepper's, 89 The Watton, ☎ 62 25 26. Empfehlenswert für Tea Time und leichte Mahlzeiten. $

Tipp Für geruhsame Fahrten mit **Kanalbooten** auf dem 1801 entstandenen Brecon-&-Abergavenny-Kanal wende man sich an: **Dragonfly,**

Richard Booth, der „Bücherkönig von Hay-on-Wye"

Die Brücke über den Usk bei Crickhowell

Im Pub „Sarah Siddons" in Brecon

ROUTE 2

Nähe Gasworks Ln., abseits von The Watton. Diverse Ausflüge (ab 2,5 Std.); **Water Folk,** Old Storehouse, Llanfrynach, an der B 4558, ☎ 0 18 74/66 53 82. Museum und Ausflüge (1,5 Std.) in von Pferden gezogenen Booten. (Ruder- und Segelboote, Kanus, Surfbretter auf Llangorse Lake, auch Verleih.

Durch den Brecon Beacons National Park von Nord nach Süd

Die friedliche Stille der Landschaft – mit Wasserfällen und Zeugnissen aus vorrömischer Zeit – erschließt sich bei einer Durchquerung des Nationalparks von Nord nach Süd. Dazu verlassen Sie Brecon gen Westen (über die A 470) und biegen hinter Libanus rechts ab die B 4215, dann nach 1 km in eine unnummerierte Straße Richtung Heol Senni und später links ab Richtung Ystradfellte. Hinter einem steilen Anstieg taucht links im freien Feld plötzlich **Maen Llia** auf, ein 3,5 m hoher, 2,7 m breiter und 80 cm dicker stehender Stein. Schwerer aufzuspüren ist sein Kollege **Maen Madoc** etwa 3 km südlich: Ein Schotterweg führt am Anfang eines Staatsforstes rechts ab (1 km). Der 3 m hohe Stein mit keltischen Zeichen markierte später eine Römerstraße und bekam eine lateinische Inschrift: „[Stein] des Dervacus, Sohn des Justus, er ruht hier".

Ystradfellte mit Bauernhöfen, Kirche und Pub ist der Mittelpunkt des Kalksteingebietes, das von zahlreichen Höhlen durchzogen ist. Etwa 2,5 km südlich des Ortes kann man links parken und auf ausgeschilderten Wegen zu mehreren *Wasserfällen* wandern. Bei Pontneddfechan beendet die breit ausgebaute A 465 abrupt den beschaulichen Ausflug. Zwar biegt die Straße bei Neath ins schöne *Vale of Neath* ab, doch diese Route führt noch einmal zurück in die Brecon Beacons. Über die A 4109, die A 4221 (von der eine Straße zu den ebenfalls berühmten Wasserfällen Henrhyd Falls abzweigt) und die A 4067 gelangen Sie zu den **Höhlen Dan-yr-Ogof.** Rund um die erst 1912 entdeckten riesigen Felskathedralen ist ein Touristenkomplex – Museum, Dinosaurier-Park, Farm aus der Eisenzeit, Zentrum für Arbeitspferde und ein künstlicher Skihang – entstanden. Südlich liegt der **Craig-y-Nos Country Park** mit dem 1842 erbauten Haus der Opernsängerin Adelina Patti.

Fahren Sie zurück und umrunden Sie den Black Mountain über Ammanford und dann die A 483 entlang in Richtung Llandeilo. Bald ist ***Carreg Cennen Castle** ausgeschildert. 1403 wurde sie weitgehend zerstört, doch große Teile der mit Schießscharten gelöcherten Außenwände sind erhalten, und den steilen Aufstieg belohnt ein weiter Blick in den Nationalpark (◯ April bis Okt. tgl. 9.30–19.30 Uhr, Nov.–März tgl. 9.30 bis Sonnenuntergang).

> ***Carreg Cennen Castle**
> Der Legende nach soll schon Urien, ein Ritter aus König Artus' Tafelrunde, eine Burg auf dem Kalksteinhügel bewohnt haben; die jetzige Burg entstand wohl unter dem mächtigen Lord Rhys im späten 12. Jh.

Auch um **Dinefwr** (außerhalb von Llandeilo) ranken sich zahlreiche Legenden; so soll sich in der bronzezeitlichen Hügelfestung Merlins Grab befinden. Vom 11.–13. Jh. regierten walisische Prinzen, darunter die Familie Rhys, von hier aus die Region. Als 1298 dann Engländer in „New Towne" angesiedelt wurden, arrangierte sich der Adel: Aus Rhys wurde Rice. Mitte des 16. Jhs. bekamen die Waliser einen Teil des Landes zurück und bauten *Newton House,* wo heute im Erdgeschoss Interieurs und Gemälde aus diversen Epochen gezeigt werden; vor allem die Kinderstühle in der Eingangshalle, die Standuhr in der Bibliothek, das Treppenhaus und die Art Wintergarten im ersten Stock sind interessant. Der große Landschaftspark verlockt zu Spaziergängen (◯ April-Okt. Mo, Do-So 11–17 Uhr).

Route 3

Küstenlandschaften

*Aberystwyth – Machynlleth – Aberdyfi – *Dolgellau – Barmouth – *Harlech – **Portmeirion – Llyn Peninsula – *Caernarfon (252 km)

Wales besticht durch die Vielfalt seiner Landschaften. So kann man morgens an einem Sandstrand die Sonne genießen, nachmittags dagegen durch einen Wald streifen oder auf einem nicht sehr hohen, aber durchaus anstrengenden Berg herumkraxeln. Diese drei- bis viertägige Küstenroute bietet zudem geschichtliche Reminiszenzen: die Universitätsstadt Aberystwyth; trutzige Burgen auf hohen Klippen; die Verwirklichung eines Architektentraums im mediterranen Phantasiedorf Portmeirion; und das Grab eines Premierministers.

*Aberystwyth

Viktorianischer Badeort und Kulturstadt zugleich ist Aberystwyth mit 12 000 Einwohnern der größte Ort an der Cardigan Bay, der mit seiner Universität viele junge Leute anlockt und dabei doch eine der ältesten Siedlungen in Wales ist. Allerdings lag der im 6. Jh. gegründete keltische Bischofssitz mit Namen Llanbadarn etwas weiter südlich, und auch die erste normannische Burg entstand im frühen 12. Jh. südlich der heutigen, an der Mündung des Ystwyth, dem die Stadt ihren Namen verdankt.

Der Vorort *Llanbadarn Fawr* hingegen ist nach dem hl. Padarn benannt, der aus der Bretagne nach Wales kam und im Jahr 546 Bischof wurde; damals teilte die keltische Kirche das Land in drei Diözesen auf. In der heutigen Kirche aus dem 13. Jh., einer der größten

Henrhyd-Wasserfall in den Brecon Beacons

Seit rund 3000 Jahren am gleichen Platz: Maen Llia

Aberystwyth blickt auf eine lange Geschichte zurück

Polyglott **67**

ROUTE 3

in Wales, wurde Padarn im südlichen Querschiff eine moderne Kapelle geweiht, die an eine keltische Mönchszelle erinnert; dort stehen auch zwei keltische Steinkreuze, die auf das 6.–8. Jh. datiert werden.

Das heutige Zentrum von Aberystwyth entstand dann zwischen der Bucht und dem neuen *Castle,* dessen Bau ein Bruder Edwards I. 1277 begann. Es beherrscht einen Felsvorsprung nördlich der Rheidol-Mündung ins Meer. Owain Glyndwrs Truppen hielt die Burg von 1401–1404 noch stand, doch Cromwells Männer sprengten sie nach der Eroberung 1649. Heute stehen nur noch wenige Mauerreste, aber der Blick von hier über Stadt und Bucht ist hervorragend (frei zugänglich).

Direkt unterhalb der Burg fällt ein spitz zulaufendes Sandsteingebäude auf – ein ehemaliges Hotel, das heute einige Abteilungen der Universität beherbergt. Kurz dahinter ragt ein hölzerner *Pier* in die Fluten, eine typische Vignette des viktorianischen Badeurlaubs.

Sehr elegant zieht sich leicht geschwungen die *Promenade* den Strand entlang, die Landseite säumen viktorianische Stadthäuser. Man kann sich lebhaft vorstellen, wie Damen in langen, weißen Kleidern mit Sonnenschirmchen hier entlangschlenderten, Herren galant den Strohhut lüfteten und man sich im ganzteiligen Badekostüm ins kühle Nass stürzte. Das Nordende des Strandes markiert der *Constitution Hill,* den man zu Fuß oder per *Electric Cliff Railway* bezwingen kann (◷ tgl. 10–17.15 Uhr, alle 8–10 Min.), um von oben durch die *Camera obscura* den Rundblick zu genießen.

Das Ortszentrum besteht aus engen Gässchen mit zahllosen Läden, einigen Cafés und Pubs sowie gemütlichen Häusern. Im *Ceredigion Museum* (Terrace Rd.) wird die Geschichte der Region illustriert (◷ Mo–Sa 10–17 Uhr), während am nördlichen Stadtrand neben den modernen Universitätsgebäu-

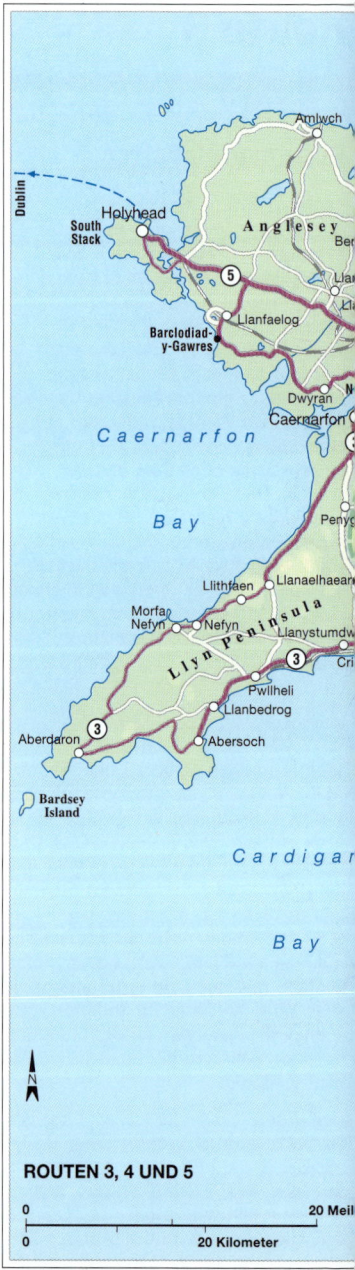

ROUTEN 3, 4 UND 5

ROUTE 3

ROUTE 3

den die **National Library of Wales** Schriften über Wales und das Keltentum sammelt und einige kostbare mittelalterliche Inkunabeln aufbewahrt (◐ Mo–Fr 9.30–18, Sa 9.30–17 Uhr).

Terrace Rd., ☏ 0 19 70/ 61 21 25, 🖷 62 65 66; E-Mail: cardis@cix.co.uk.

Conrah, Chancery, ☏ 0 19 70/61 79 41, 🖷 62 45 46. 5 km südlich von Aberystwyth (an der A 487) wird in einem eleganten Landhaus in einem großen Garten gute traditionelle Küche gepflegt. $))

Sinclair, 43 Portland St., ☏ 🖷 0 19 70/61 51 58. Großzügige Zimmer sowie ein eleganter Wohn- und Essraum bieten ein Refugium in der Innenstadt. $)

Mehrere kleine Hotels und B & Bs befinden sich direkt an der Uferpromenade.

Ausflug ins Rheidol-Tal

Ein abwechslungsreicher Ausflug ist die Fahrt ins Rheidol-Tal zur **Devil's Bridge.** Mit dem Auto durchquert man auf der A 4120 das sanfte, grüne Tal, doch weit interessanter ist es, die *Vale of Rheidol Railway* zu nehmen. Diese Schmalspurstrecke wurde 1902 eröffnet, um Material und Holz für die Bleiminen im Tal zu transportieren. 19 km zuckelt die Bahn in einer Stunde durch enge Kurven und einige Hänge hinauf (Züge vom Bahnhof in Aberystwyth April–Okt. tgl. 11 und 14.30 Uhr, in der Hochsaison häufiger und mit anderen Abfahrtzeiten; Rückfahrten: 13 und 16.30 Uhr).

Vom Bahnhof in Devil's Bridge sind es nur 400 m bis zur berühmten Brücke und ihren Wasserfällen (tagsüber Eintritt). Der Name beruht auf einer Legende: Eine alte Frau vermisste eines Tages ihre Kuh und sah sie auf der anderen Seite des Flusses, den sie nicht überqueren konnte. Da erschien der Teufel und versprach, eine Brücke zu bauen, wenn er das erste Lebewesen bekäme, das die Brücke überquerte. Natürlich war er scharf auf die Seele der Frau, doch die warf ein Stück Brot hinüber, und sofort flitzte ihr Hund über die fertige Brücke hinterher. So bekam der Teufel den Hund und die Frau die Kuh.

Tatsächlich türmen sich hier drei Brücken übereinander: Die untere, ein einfacher Steinbogen, ist die Teufelsbrücke; die mittlere entstand Anfang des 18. Jhs. und wird von einem kunstvoll gearbeiteten Eisengeländer begrenzt; die obere steht seit Anfang dieses Jahrhunderts und wurde mehrfach verstärkt, weil über sie der heutige Verkehr rollt. Befestigte Pfade führen zu mehreren Wasserfällen.

Hafod Arms, Devil's Bridge, ☏ 0 19 70/89 02 32, 🖷 89 03 94. Der Duke of Newcastle baute die bescheidene Jagdklause aus dem Jahr 1787 zu einem „Schweizer Landhaus" um, das dann ein beliebtes Hotel an der Straße der Viehtreiber und Pilger wurde. Schöner Blick über das Tal. $)–$))

Von Aberystwyth führt die Route über die A 487 nach Norden, und wer sich etwas ganz Besonderes gönnen möchte, eine Übernachtung im Hotel **Ynyshir Hall** einlegen (Eglwysfach, 6 km vor Machynlleth, ☏ 0 16 54/78 12 09, 🖷 78 13 66; $)))). Der Maler Rob Green und seine Frau führen das exquisite Haus mit Blick über die Dyfi-Mündung.

Von Machynlleth nach Barmouth

Im *Museum Celtica* am Ortseingang (A 487) von **Machynlleth** kann man mit Hilfe modernster Technik in die uralte Geschichte von Wales eintauchen. Von Raum zu Raum eröffnen sich Einblicke in den Alltag und die Mythenwelt der Kelten. Buchladen, Kinderkrippe, Café und Picknickgarten runden das Angebot ab (◐ tgl. 10 bis 18 Uhr; letzter Einlass: 16.40 Uhr).

Owain Glyndwr

Die Legende hatte es geweissagt: Einst sollte ein mächtiger Mann mit Namen Owain aufstehen und für Wales die Freiheit erringen. War Owain Glyndwr dieser Mann?

Er brachte die besten Voraussetzungen mit, sein Vater stammte von den Prinzen von Nord-Powys ab, seine Mutter von südwalisischen Adelsgeschlechtern; durch Querheiraten war er mit den meisten walisischen Fürsten verwandt. Dennoch weiß man über die Familie wenig. So ist auch nicht bekannt, wo und wann Owain Glyndwr geboren wurde. Sein Name bezieht sich auf ein Tal, als Geburtsjahr stehen mehrere zwischen 1349 und 1359 zur Auswahl, wobei die letzte Zahl die wahrscheinlichste ist. Da sein Vater früh verstarb, wurde Owain in einer anderen Adelsfamilie aufgezogen und ging dann für sieben Jahre nach London, um sich bei Sir Edward Hanmer, dem damals bekanntesten Richter, in den Rechten ausbilden zu lassen. Zur standesgemäßen Ausbildung des 14. Jhs. gehörte unter anderem das Kriegshandwerk, das Owain sehr erfolgreich beim befreundeten Earl of Arundel und in Diensten von König Richard II. gegen die Schotten erlernte. Die letzten Jahre des 14. Jhs. waren für Wales eine unruhige Zeit. König Richard hatte sich einiger Gegner unter den (englischen) Fürsten von Wales entledigt und war schließlich von Heinrich IV. (Lancaster) gestürzt worden. Der befand sich im Krieg gegen Schottland, Irland und Frankreich, die englische Verwaltung von Wales ließ immer mehr zu wünschen übrig. Doch trieben Owain auch persönliche Motive zur Gegnerschaft: Er hatte an der Seite König Richards gekämpft, ohne dafür jemals mit einem eigenen Titel belohnt zu werden, und einige der englischen Herren über Wales gehörten zu seinen persönlichen Feinden.

So trafen sich im September 1400 zwar nur eine Handvoll Freunde und Verwandte, um Owain zum Prince of Wales auszurufen, doch schon bald wuchs die Schar der Rebellen beträchtlich, und nach dem Winter begann ein richtiger Krieg. Owains Truppen belagerten Caernarfon und nahmen 1402 Edmund Mortimer, einen der mächtigen Markgrafen, gefangen, der selbst einen besser begründeten Anspruch auf den englischen Thron hatte als Heinrich. Er wechselte auf Owains Seite. 1404 kontrollierten die walisischen Truppen den gesamten Westen des Landes, sodass Owain in Machynlleth ein „Parlament" einberufen konnte (also eine große Versammlung von Gefolgsleuten), das beschloss, die Unterstützung Frankreichs zum endgültigen Sieg über England zu suchen. Zwar landeten im folgenden Jahr französische Truppen bei Milford Haven und drangen rasch bis in die Gegend von Worcester vor, doch kam es zu keiner offenen Schlacht. Die meisten Franzosen kehrten in ihre Heimat zurück, das Jahr 1406 sollte sich als Wendepunkt erweisen. Die Rebellen verloren mehrere Schlachten, die englische Seite gewann an Macht und Entschlossenheit. Bis etwa 1410 war der Aufstand fast niedergeschlagen. Drei Jahre später starb Heinrich IV., und sein Sohn Heinrich V. wollte das ausgeblutete Wales befrieden und bot allen Begnadigung an, wenn sie sich unterwarfen. Die meisten nahmen an, doch Owain lehnte ab und verschwand.

Über Owains Ende weiß man so wenig wie über seine Geburt. Sicher ist, dass er 1417 bereits tot war, doch alle Vermutungen über Todesdatum oder -ort sowie sein Grab sind reine Spekulation. Da halten wir es dann lieber mit der Legende, die berichtet, er schlafe nur in einem Berg, denn eines Tages solle ja ein Mann namens Owain kommen und Wales die Freiheit bringen.

ROUTE 3

Im Ort fährt man auf einen Uhrenturm aus dem Jahr 1872 zu, an dem rechts die Maengwyn Street abgeht. Nach 100 m duckt sich links ein flaches Gebäude aus grauem Stein, das *Owain Glyndwr Centre,* in dem der walisische Prinz 1404 sein erstes „Parlament" einberief, Schrifttafeln und Zeichnungen informieren näher darüber (Canolfan Owain Glyndwr, ☎ 0 16 54/70 24 01). In einer ehemaligen nonkonformistischen *chapel* an der Hauptstraße (A 487) werden moderne Kunstwerke ausgestellt (Y Tabernacl).

Weiter führt die Straße Richtung Dolgellau. Kurz hinter der Brücke über den Dyfi muss man sich zwischen der Hauptstraße durchs Landesinnere mit herrlichem Blick auf das Cader-Idris-Massiv (A 487) oder der A 493 entlang der Küste entscheiden. Auf der A 487 gelangt man nach 3 km zum *Centre for Alternative Technology, in dem seit mehr als 20 Jahren umweltverträgliche Energielösungen erforscht und in der Praxis umgesetzt werden. Die zahlreichen Ausstellungen und Experimente sind auch für Kinder verständlich (☎ 0 16 54/70 24 00).

Inmitten der Berge liegt 5 km weiter das *Corris Craft Centre.* Hier stellen Kunsthandwerker Holzspielzeug, Töpferwaren, Schmuck, Lederwaren und Kerzen her. Außerdem stehen ein Tourist Information Centre und ein Restaurant offen.

Von hier aus führt ein Weg in die Tiefe, ins Legendenreich der Artussage. In einem Holzboot fährt man in *King Arthur's Labyrinth* über einen unterirdischen Fluss, in dessen Höhlen Szenen der Sage nachgestellt sind (◐ April bis Okt. tgl. 10–17 Uhr; warme Kleidung und feste Schuhe erforderlich).

Aberdyfi

Doch auch entlang der Küste bieten sich immer wieder prachtvolle Panoramen, zunächst der Blick auf die breite Dyfi-Mündung. Aberdyfi hat sich zu einem kleinen, aber feinen Ferien- und Segelzentrum (☎ 0 16 54/76 76 26) gemausert und führt damit die Tradition des Ortes fort, denn früher wurden hier Handelsschiffe gebaut. An der Küste etwas weiter nördlich liegt ein Golfplatz (☎ 0 16 54/76 74 93).

Wharf Gardens,
☎ 0 16 54/76 73 21,
📠 76 73 21; ◐ April–Sept.

Penhelig Arms,
☎ 0 16 54/76 72 15,
📠 76 76 90. Das Gebäude am Hafen mit Hotel, Restaurant und Pub entstand teilweise im 18. Jh. 💲
Plas Penhelig, ☎ 0 16 54/76 76 76,
📠 76 77 83. In einem preisgekrönten Garten steht ein 1908 erbautes Landhaus mit herrlichen Balkendecken und getäfeltem Kaminzimmer. 💲

Gleich hinter Aberdyfi erstreckt sich – vor der dramatischen Kulisse des Cader Idris – ein kilometerlanger Sandstrand. Von **Tywyn** aus zuckeln die Dampfzüge der schmalspurigen Talyllyn Railway in etwa einer Stunde nach Nant Gwernol; Wanderungen zu Wasserfällen sind von den Zwischenstationen aus gut möglich (◐ Febr., März, Sa und So; Ostern–Okt. tgl. mehrere Züge von 10 bis 16 Uhr). Minizüge dampfen auch zwischen Fairbourne und Porth Penrhyn die Küste entlang (◐ April–Sept. tgl. 10.45–16.26 Uhr).

*Dolgellau

Regionales Zentrum, vor allem für Wanderungen im Cader-Idris-Massiv, ist die kleine Marktstadt Dolgellau mit dem Eldon Square als Mittelpunkt. Hier widmet sich eine Ausstellung im Gebäude des Touristeninformationsbüros den einst ortsansässigen Quäkern, von denen ab 1682 viele nach Pennsylvania auswanderten.

Ein Goldrausch brachte von 1844 bis 1865 zahllose Arbeiter und Abenteurer nach Dolgellau und Umgebung. Zwar wurden die meisten von ihnen nicht reich, doch einige Stollen förderten recht ansehnliche Mengen des kostbaren Erzes zutage. Mit besseren Maschinen wagte man 1881 einen neuen Anlauf und hielt bis 1914 durch, und seit 1981 wird die *Gwynfynydd Gold Mine* mit hochspezialisierter Technik und erfahrenen Arbeitern wieder betrieben. Traditionell sind die Eheringe der königlichen Familie aus reinem walisischem Gold, doch auch betuchte Untertanen können fein gearbeitete Schmuckstücke erwerben. Ein Besuch der Goldmine ist möglich und dauert einen halben Tag. Informationen im Handwerkszentrum und Laden von Welsh Gold, The Marian, ☎ 0 13 41/42 33 32.

Eine ganze Reihe von Wanderwegen unterschiedlicher Länge und Schwierigkeitsgrade führt auf Anhöhen im Cader-Idris-Massiv oder auf seinen Gipfel. Der Name bedeutet „Stuhl des Idris" – ein in der keltischen Bardentradition bekannter Krieger und Dichter.

Beliebt und relativ gut zu bewältigen ist der *Pony Track,* der von der Farm Ty Nant losgeht (5 km von Dolgellau die Cader-Straße hoch) und in etwa 3 Std. zum Gipfel führt. Holen Sie aber vorher unbedingt Weg- und Wetterinformationen bei der Tourist Information ein.

Eldon Square,
☎ 0 13 41/42 28 88,
📠 42 28 88.

Penmaenuchaf Hall, an der A 493, 2 km vor Dolgellau, ☎ 📠 0 13 41/42 21 29. Ein Textilfabrikant ließ sich 1860 ein Landhaus oberhalb der Mawddach-Mündung bauen, das zu einem stilvollen Hotel umgestaltet wurde. Freundlicher Service und gutes Essen. Ⓢ⟫
Clifton House, Smithfield Sq., ☎ 0 13 41/42 25 54, 📠 42 35 80. Das sehr persönlich geführte kleine Hotel in der Ortsmitte ist auch für sein Restaurant bekannt. Ⓢ
George III, am Mawddach in Penmaenpool, 2 km vor Dolgellau an der A 493, ☎ 0 13 41/42 25 25. B & B, Restaurant, Pub, Ponys und Fahrräder. Ⓢ

Vorbereitung für die nächste Fahrt der Talyllyn Railway

Um das Massiv des Cader Idris ranken sich Legenden

Portmeirion verdankt sein heutiges Bild einem einzigen Mann

ROUTE 3

Die A 496 folgt dem Nordufer der Mawddach-Mündung und erreicht bei dem Strandstädtchen **Barmouth** wieder die Sandküste. Beliebt sind hier Spaziergänge über die Eisenbahnbrücke sowie der *Panorama Walk* oberhalb des Flusses.

Old Library,
Station Road,
☎ 0 13 41/28 07 87.

*Harlech

Geradezu imposant überragt der kleine Ort Harlech mit seiner Burg den flachen Küstenstreifen. 1283 gab Edward I. ****Harlech Castle** in Auftrag. Die auf einem Felsplateau errichtete Burg wurde mit einem durchdachten Zusammenspiel von Zugbrücken, Fallgittern, Schießscharten und Mörderlöchern zu einer der perfektesten Verteidigungsanlagen ihrer Zeit ausgebaut. So hielten 1294/95 nur 37 Soldaten der Belagerung durch die Truppen des walisischen Prinzen Madog stand. Relativ gut erhalten ragen bis heute die runden Ecktürme und die abgerundeten Türme des Torhauses auf. Der Blick aufs Wasser der Cardigan Bay und auf Snowdonia ist phantastisch. (◯ April-Okt. tgl. 9.30-18.30 Uhr; Nov.-März Mo-Sa 9.30-16 Uhr, So 11 bis 16 Uhr.)

Neben dem Castle erinnert die Skulptur *Bendigeidfran* von Ivor Roberts Jones an eine Geschichte des „*Mabinogi*" (s. S. 20): Die Schwester des Königs der Briten heiratet in Irland den dortigen König, doch wird ihr Sohn in einer Schlacht getötet. Die Statue zeigt, wie der Britenkönig Bendigeidfran den toten Neffen heimbringt.

In dem nur 1200 Einwohner zählenden Ort sorgt außer vielen Cafés auch ein Kolleg für Erwachsenenbildung mit Ausstellungen und Theateraufführungen für Zeitvertreib.

Gwyddfor House,
High Street,
☎ 0 17 66/78 06 58.

Rundfahrt um Llyn Peninsula

Über eine Mautbrücke – oder den Umweg nach Tan-y-Bwlch – erreicht man ****Portmeirion** abseits der A 487. Dieses „italianate" genannte Dorf ist das Produkt der lebhaften Phantasie des Architekten Sir Clough Williams-Ellis (1883-1978), der 1925 die Landspitze samt heruntergekommener Bebauung kaufte und sich, inspiriert von der Stadt Portofino, seinen Lebenstraum erfüllte. Dabei verband er – vom Abriss bedrohte – britische Gebäude mit mediterranen Phantasieprodukten wie einem Campanile; als das Geld auszugehen drohte, baute er ein Hotel, Ferienhäuser und Läden dazu. Heute gibt das steingewordene Phantasiegespinst allerdings ein wenig im Kommerz und in den Besuchermassen unter (◯ tgl. 9.30 bis 17.30 Uhr).

Portmeirion, ☎ 0 17 66/77 02 28, 🖂 77 13 31.
Exzentrisch wie der Ort ist auch das nur für Gäste zugängliche Hotel, das zu den besten zählt. $))

Über Porthmadog (s. S. 78) geht es nun auf die Halbinsel *Llyn,* 1956 zur „area of outstanding natural beauty" erkoren, und dort zunächst nach **Criccieth.** Das von Llywelyn dem Großen 1230 erbaute Castle in der kleinen Urlaubs- und Hafenstadt wurde 1283 von Edward I. eingenommen und ausgebaut. Und der wollte nicht nur den Blick auf Snowdonia genießen (◯ März-Okt. tgl. 9.30-18.30 Uhr; Okt.-März Mo-Sa 9.30-16 Uhr, So 14-16 Uhr).

Tipp Als eines der besten Fischrestaurants des Landes gilt das **Tir-y-Mor,** 1-3 Mona Terrace, Criccieth, ☎ 0 17 66/52 30 84, in dem frisch angelandete Meerestiere phantasievoll zubereitet werden. $)

Llanystumdwy läge heute sicher unbeachtet an der A 497, wäre nicht

Harlech Castle

ROUTE 3

Großbritanniens Kriegspremier David Lloyd George dort aufgewachsen – in Highgate, dem Haus seines Onkels, gegenüber vom Pub *The Feathers* an der Hauptstraße. Nur wenige Schritte weiter: das *Lloyd George Museum* (◷ Ostern–Okt. tgl. 10–17 Uhr). Durch den Park führt ein Weg zum idyllisch gelegenen *Grab* des Politikers, ebenso von Sir Clough Williams-Ellis, dem Architekten von Portmeirion, gestaltet wie der Altersruhesitz *Ty Newydd*, in dem jetzt Sprach- und Schreibkurse stattfinden.

Pwllheli erhielt seine Stadtrechte schon 1355 und ist die größte und lebhafteste Marktstadt (mittwochs Markt) auf der Halbinsel. Allerdings tummeln sich hier wie auch in den anderen Orten an der flachen Südküste des Sommers zahlreiche Badegäste.

Min y Don,
Station Square,
☏ 0 17 58/61 30 00.

Der nächste Strandort heißt **Llanbedrog**. In dem 1896 im gotischen Stil errichteten Landhaus *Glyn-y-Weddw* am Ortsrand, von dem aus auch die Metallstatue *Iron Man* auf einem Hügel zu sehen ist, hat eine Kunstgalerie eröffnet. Im Segelhafen **Abersoch** endet schließlich die A 499, doch enge Landstraßen führen noch weiter zum *Plas-yn-Rhiw*, einem im 19. Jh. umgebauten kleinen Landhaus aus dem 17. Jh. mit einigen originalen Möbeln und einem schönen Garten (◷ April–Sept. So–Fr 12 bis 15 Uhr).

In **Aberdaron** scheint der anglisierte Süden von Wales Jahrhunderte entfernt und nicht weniger fremd als das Leben der Mönche von **Bardsey Island** (3 km vor der Spitze von Llyn), die im 5. und 6. Jh. auf dieser Insel siedelten. Allerdings dürfte der Name „Insel der 20 000 Heiligen" reichlich übertrieben sein. Heute jedenfalls kümmert sich nur noch eine einzige Familie um das Naturreservat. Vom *Coast Guard Lookout* außerhalb des Ortes ist die Insel gut auszumachen – und bei klarem Wetter sogar die Küste Irlands, woher die meisten keltischen Missionare kamen.

*Caernarfon

Über die B 4417 und dann die A 499 fährt man entlang der meist steilen Nordküste nach Caernarfon mit Burg, Hafen und mittelalterlichen Straßen. Zwar hatten die Römer hier eine Festung, doch die jüngere Geschichte bestimmte immer das *Castle. 1292 ordnete Edward I. den Bau einer großen Burg und einer ummauerten Stadt für englische Siedler an, und 30 Jahre später war die oberhalb der Seiont-Mündung gelegene Festung fertig. Nach der offiziellen Lesart soll Edwards gleichnamiger Sohn 1284 hier geboren und zum ersten englischen Prince of Wales (Fürst von Wales) ausgerufen worden sein; doch der größte Wehrturm der Burg, Eagle Tower, angeblich Ort des Geschehens, stand damals noch gar nicht. 1969 wurde – als bisher letzter – Charles auf einer runden Plattform aus walisischem Schiefer zum Prince of Wales und damit zum britischen Thronfolger ernannt. Von außen erscheint die große Burg mit ihren dreizehn außergewöhnlichen asymmetrischen Türmen und zwei Toren gut erhalten, doch innen tut sich eine große Leere auf (◷ März–Okt. tgl. 9.30 bis 18.30 Uhr; Nov.–März Mo–Sa 9.30 bis 16 Uhr, So 11–16 Uhr).

Die **Stadtmauer** ist fast vollständig erhalten und umschließt ein Gewirr von kleinen Einkaufsstraßen mit der High Street als zentraler Ost-West-Achse und den Stadttoren als Endpunkten. In der Nordwestecke ist die restaurierte Kirche **St. Mary's** aus dem 14. Jh. an zwei Seiten in die Mauer hineingebaut. Einen guten Blick auf die Befestigungen hat man auch vom *Hafen*.

An der A 4085 Richtung Beddgelert sind noch die Fundamente der im Jahre 78 von Agricola gegründeten römischen Festung **Segontium** zu sehen, in der bis 380 etwa 1000 Soldaten lebten. Ein Museum zeigt Funde und erklärt das Leben der Römer (◐ Mai–Sept. tgl. 9.30–18 Uhr).

Oriel Pendeitsh,
Castle Street,
☎ 0 12 86/67 22 32.

Menai Bank, North Rd., ☎ 🖷 0 12 86/67 32 97. Kleines Stadthotel mit Restaurant und Blick aufs Meer. $
Hafoty, Rhostryfan, ☎ 0 12 86/83 01 44. Ein typisches Bauernhaus mit Blick auf Caernarfon abseits der A 487 Richtung Porthmadog. $
Plas Tirion, Llanrug, ☎ 0 12 86/67 31 90. Eine Farm eine Meile oberhalb des Dorfes Llanrug, an der A 4086 auf halbem Weg zwischen Caernarfon und Llanberis. $

Courtenay's Bistro, 9 Segontium Terrace, ☎ 67 72 90. Das Restaurant bietet eine feine Auswahl walisischer Gerichte, darunter auch Fisch. $
Pigs & Stones Bistro, 4 Hole-in-the-Wall St., ☎ 67 11 52. Prächtige Portionen walisischen Lamms kommen hier auf den Tisch. $

Caernarfon Castle, vielleicht die bekannteste Festung in Wales

David Lloyd George

David Lloyd George

Am 17. Januar 1863 wird David in Manchester geboren, doch seine Eltern ziehen kurz darauf nach Pembrokeshire – wegen der Krankheit des Vaters, der wenig später stirbt. So kehrt die Mutter in ihre Heimat Llanystumdwy zurück und wohnt bei ihrem Bruder. David ist ein guter Schüler und sammelt „erste Parlamentserfahrungen", wie er es später nannte, bei Debatten mit dem Dorfschmied.

1890 wird er erstmals ins Londoner Parlament gewählt und macht, wenn man seine fehlende Verankerung in der poltischen Oberschicht bedenkt, erstaunlich schnell Karriere in der Liberalen Partei, die damals allein gegen die konservativen Tories stand. Nach dem Wahlsieg 1906 kam er ins Kabinett, ab 1908 setzte er als Schatzkanzler (Finanzminister) höhere Steuern für Reiche und Sozialgesetze für Arme durch. Er unterstützte die Bemühungen, Irland als Ganzes in die Unabhängigkeit zu entlassen, trat gegen den Burenkrieg ein und wandte sich gegen eine verstärkte Aufrüstung.

Als Kriegsminister (1915/16) betrieb er gleichwohl die Mobilmachung gegen Deutschland und wurde 1916, in der Kriegskoalition mit den Tories, Premierminister. Mit dem Ende des Ersten Weltkriegs verlor dann nicht nur Lloyd George politischen Einfluss, sondern seine Partei insgesamt – Labour stieg auf. Schließlich zog sich David Lloyd George nach Llanystumdwy zurück, wo er 1945 starb.

Route 4

Das Dach aus Schiefer – Snowdonia

Porthmadog – *Beddgelert – Llanberis – Snowdon – Capel Curig – Betws-y-Coed – Llanrwst – Blaenau Ffestiniog – Porthmadog (124 km)

Snowdon ist der höchste Berg von Wales und viel unberechenbarer, als er an klaren Tagen erscheint; immerhin dient er als Trainingsgebiet für Himalaja-Expeditionen. Aber ohne eine Rundreise durch diese kahle, atemberaubende Gebirgslandschaft wäre ein Besuch in Wales nicht komplett. Die Industrialisierung hat auch im Snowdonia National Park tiefe Wunden geschlagen. Man raubte dem Dach von Wales Schiefer, um damit Dächer in aller Welt zu decken. Ehemalige Bergarbeiter erklären eindrucksvoll die mühsame Arbeit in den inzwischen stillgelegten Gruben.

Von Porthmadog ins **Nant Gwynant

Vom Ende des 18. Jhs. an entwickelte sich **Porthmadog** zu einem überaus geschäftigen Seehafen für die Verschiffung von Schiefer. Seine Geschichte erzählt das *Maritime Museum* am Hafen. Heute ist die Stadt ein regionales Einkaufs-, Segel- und Urlaubszentrum. Die Stadt zieht sich vor allem an einer langen Hauptstraße hin, einige viktorianische Fassaden verleihen etwas Schmuck. In der *Rob Piercy Gallery* zeigt der Künstler seine eigenen Aquarelle – vor allem aus der wilden Bergladschaft Snowdonias – und stellt Werke von Künstlerkollegen aus (Snowdon St., ☎ 01766/51 38 33; Mo, Di, Do–Sa 10–17 Uhr, Mi 10–13 Uhr).

 Station Yard, High Street, ☎ 01766/51 29 81.

 Tyddyn Llwyn, Morfa Bychan Rd., ☎ 01766/51 39 03. Ruhiges, kleines Hotel mit Restaurant am Ortsrand. Ⓢ
Treforris, Garth Rd., ☎ 01766/51 28 53. Viktorianisches Haus; einfacher, aber akzeptabler Standard. Ⓢ
Tyddyn Iolyn, Pentrefelin, ☎ 01766/52 25 09. Ein Farmhaus aus dem 16. Jh. wurde liebevoll restauriert und bietet herrliche Ausblicke auf Snowdonia und die Küste. A 497 Richtung Criccieth, am Ende des Dorfes rechts. Ⓢ

Züge der *Ffestiniog Railway schnaufen in die Berge und zur Hauptstadt des Schiefers. Bis 1836 trugen Packtiere den Schiefer auf Umwegen zu Tal, wo er zunächst auf Flussbarken und in Porthmadog dann auf Seeschiffe umgeladen wurde. Der Damm über Traeth Mawr und die nur 597 mm breite Schienenstrecke verkürzten den Transport beträchtlich: Die schieferbeladenen Wagen liefen frei bergab; Pferde, die die leeren Waggons wieder auf den Berg ziehen mussten, fuhren in offenen „dandy wagons" mit. 1863 begann mit lokal gefertigten Lokomotiven das Dampfzeitalter, und bald darauf wurden die ersten Passagiere befördert. Doch bereits 1872 machte die normalspurige Bahn von Llandudno und Bala in die Schieferstadt Blaenau Ffestiniog Konkurrenz. Zwar kamen immer mehr Touristen, doch der Straßenausbau, der Krieg und der Niedergang der Schieferindustrie brachten 1946 das Aus. Ab 1954 erfolgte die Rekonstruktion: Meter für Meter erneuerten Eisenbahnfans die Strecke und brachten die Lokomotiven wieder in Schuss: Am 30. April 1983 fuhr der erste Zug in den neuen Bahnhof von Blaenau Ffestiniog ein. (Abfahrt von der Harbour Station in Porthmadog, Fahrzeit nach Blaenau Ffestiniog zirka eine Stunde, dort Bus vom Bahnhof zu den Schieferbergwerken; Zwischenhalte zwecks Wande-

ROUTE 4

rungen möglich. ⓘ März–Okt. von 5 Zügen im April bis zu 10 im August, ☏ 0 17 66/51 23 40.)

Die Rundfahrt mit dem Auto führt von Porthmadog (über die A 487 und die A 498) nach Tremadog und dann durchs schattige Tal des Glaslyn nach *Beddgelert. Seit der zweiten Hälfte des 19. Jhs. ist der Ort beliebter Ausgangspunkt für Wanderungen und Jagden. Sein Name („Gelerts Grab") geht auf eine Legende zurück: Als Prinz Llywelyn hier zur Jagd ging, ließ er seinen kleinen Sohn in der Obhut seines Hundes Gelert zurück. Bei der Rückkehr des Vaters war der Babykorb leer und Gelerts Schnauze blutig. Wütend erstach er den Hund. Doch gleich darauf hörte er leises Wimmern und fand seinen unverletzten Sohn – neben einem Wolf, den Gelert getötet hatte! Traurig begrub er den treuen Hund, und bis an sein Lebensende erhellte nie wieder ein Lächeln sein Gesicht.

The Royal Goat,
☏ 0 17 66/89 02 24,
📠 89 04 22. Seit 1800 steht hier ein Hotel, das adlige Jagdgesellschaften außerordentlich schätzten; etwas altmodisch, aber in phantastischer Umgebung. $))

Hinter einer schönen alten Steinbrücke biegt die A 498 ins grüne **Nant Gwynant,** ein Eiszeittal, und 2 km weiter geht es erstmals wirklich in die Berge Snowdonias hinein: In der stillgelegten *Sygun Copper Mine* kann man unterirdische Höhlen sowie den Abbau des Kupfers bestaunen (ⓘ Ostern bis Sept. Mo-Fr 10–17, Sa bis 16, So ab 11 Uhr; Kommentar auch auf Deutsch; Dauer ca. 40 Min.). Danach aber fesselt die Schönheit des leicht ansteigenden Tals mit seinen tiefblauen Seen die ganze Aufmerksamkeit.

Im *Hotel Pen-y-Gwryd* auf 260 m Seehöhe an der Kreuzung mit der A 4086 quartierte sich 1952/53 Edmund Hillary ein, als er in Snowdonia für die Erstbesteigung

Im Snowdonia National Park

Pen-y-Pass Richtung Llanberis

In der Umgebung von Llanberis

Wandern im Nationalpark

Polyglott 79

des Mount Everest trainierte; zahlreiche Memorabilien in den unteren Räumen. **Pen-y-Gwryd**, Nant Gwynant, ☎ 0 12 86/87 07 68. Einfache Zimmer, doch entschädigt die einsame Lage im Hochland von Snowdonia. ⓢ

Abstecher nach Llanberis

Keinesfalls sollten Sie den Abstecher auf die atemberaubende ****Passstraße** (A 4086) nach Llanberis versäumen, von wo man – zu Fuß oder per Bahn – den Gipfel des Snowdon erklimmen kann. Steil windet sich das Sträßlein an kahlen Hängen vorbei auf die Passhöhe *Pen-y-Pass* (356 m), auf der neben einem (meist belegten) Parkplatz und einer Rettungsstation sehr kompetente Bergführer in einer Jugendherberge warten. Der lang gezogene Abstieg hinunter ins Peris-Tal führt an *Dolbadarn Castle* vorbei, von dem jedoch nur noch der runde Wehrturm steht, den Llywelyn der Große im frühen 13. Jh. errichten ließ.

Viele Besucher nutzen den sehr lebhaften Ferienort **Llanberis** als Basis für Wanderungen. Jenseits der beiden schmalen Seen im Nordwesten und Südosten des Ortes liegt eine der großen Wunden Snowdonias offen: ein gigantisches Schieferabbaugebiet. 1969 wurde in den schon halbvernarbten Hang des Mount Elidifir ein Wasserkraftwerk gesetzt, wofür erneut riesige Abraumhalden aufgeschüttet wurden. Doch die Ausstellung *Power of Wales* findet dafür kein Wort der Kritik. Auch der Schieferabbau wurde inzwischen ins Museum verbannt. Das **Welsh Slate Museum* zeigt nicht nur Maschinen, sondern auch die Bedingungen, unter denen die bis zu 3000 Bergleute schuften mussten.

Ganz in der Nähe dampft (vom Bahnhof Gilfach Ddu im Padarn Park) ein weiterer Great Little Train, die **Llanberis Lake Railway**, in 40 Minuten nach Penllyn und zurück. Unterwegs hält sie im *Cwm Derwen Woodland Centre* mit audiovisueller Geistershow, Abenteuerspielplatz und etlichen Spazierwegen (☎ 0 12 86/87 05 49; erster Zug um 11 Uhr, Häufigkeit je nach Saison; Familienkarten erhältlich).

Die ****Snowdon Mountain Railway** fährt von Llanberis auf den Gipfel des Snowdon. Bereits in der zweiten Hälfte des 19. Jhs. nahm der Bergtourismus in einem Ausmaß zu, daß man über einen bequemen Weg zum Gipfel nachdachte. 1894 wurde dann die Snowdon Mountain Tramroad & Hotels Co. gegründet, 1897 konnte der regelmäßige Verkehr aufgenommen werden. Die Loks bewältigen die Strecke von 7,5 km und 940 m Höhenunterschied mit bis zu 18 % Steigung in etwa einer Stunde (an der A 4086; ☎ 0 12 86/87 02 23). Auch heute ist diese Zugfahrt beliebt. Kleine Dampf- oder Diesselloks schieben jeweils einen Wagen mit 59 Passagieren die abenteuerliche und teils auf steilen Graten verlaufende Strecke hinauf. Die Abfahrtzeiten richten sich nach dem Aufkommen: Während der Ferienzeiten fährt jede 9 bis 17 Uhr jede halbe Stunde ein Zug; trotzdem ist der Andrang groß, und oft sind alle Züge schon morgens um 10 Uhr ausgebucht. Zudem muss man denselben Zug zurücknehmen, mit dem man hochgefahren ist, sodass auf dem Gipfel nur etwa eine halbe Stunde bleibt. Unbedingt sind die Wetterangaben zu beachten: Selbst wenn unten die Sonne brennt, ist es oben im Nebel oft bitterkalt.

41a High St., ☎ 0 12 86/87 07 65. Busverbindung von Caernarfon; die Sherpa-Busse verkehren in ganz Snowdonia.

Über Betws-y-Coed gen Süden

Die Tagesrundfahrt geht zurück über den eindrucksvollen Pass of Llanberis und Pen-y-Gwryd nach **Capel Curig**. Der Schieferbaron Richard Pennant legte das heute bei Künstlern, Anglern und Wanderern beliebte Dorf ab 1791 als Ausflugsort in den Bergen an, er-

ROUTE 4

öffnete ein Gasthaus und ließ Straßen in die Berge treiben.

Betws-y-Coed (sprich „be'tusikod") bedeutet „Kapelle im Wald"; damit ist die *Old Church* aus dem 14. Jh. in der Nähe des Bahnhofs gemeint. Der Schnittpunkt der Flusstäler des Lledr, Llugwy und Conwy zieht heute im Sommer zahlreiche Besucher in den Bann. Allerdings kommen die meisten nur für ein paar Stunden zum *Bahnhof* mit seinen Cafés, Souvenirläden und dem Automuseum. Per Fußgängerbrücke überquert man die Gleise und gelangt so zu einem kleinen *Railway Museum*. Von hier sind es nur wenige Meter am Friedhof vorbei zu einer Miniaturausgabe der Golden-Gate-Brücke; Fußgänger können die Eisenbrücke aus dem Jahr 1930 überqueren.

Die Snowdonia Mountain Railway unter Dampf

 Royal Oak Stables,
☎ 0 16 90/71 04 26;
🕐 10–18 Uhr, auch für Snowdonia National Park und Forest Enterprise.

„Golden Gate Bridge" in Betws-y-Coed aus dem Jahr 1930

Aufstiege zum Snowdon

Mit 1085 m ist Snowdon der höchste Berg in Wales und ein launischer Bursche dazu. Seine schroffen, kahlen Hänge und die tiefen Täler der Umgebung lassen ihn mächtiger wirken, als er ist. Doch darf man keinesfalls die Gefahr eines plötzlichen Wetterumschlags unterschätzen. Nur gut ausgerüstet und aktuell informiert sollte man sich den Weg über einen der sechs Grate zum Gipfel wagen.

Llanberis Path – der einfachste und für alle Durchschnittswanderer geeignete Weg – nimmt neben der Bahn in Llanberis seinen Anfang und folgt dem Kamm bei einem Höhenunterschied von 900 m auf 8 km. Ein landschaftlich reizvoller und beliebter Aufstieg ist *Miners' Track*, der bei der Jugendherberge Pen-y-Pass beginnt und an zwei Seen vorbei zur Ostwand führt. Der *Watkin Path* wurde 1892 zur Zeit viktorianischer Bergwanderlust angelegt (Start am Parkplatz an der A 498 zwischen Llyn Dinas und Llyn Gwynan). Weniger schwierig ist die *South Snowdon Route* von Rhyd-Ddu oder Pitts Head an der A 4085 nördlich von Beddgelert. Als Abstieg bietet sich dann der *Snowdon Ranger Path* an, der ganz in der Nähe im Tal endet (Llyn Cwellyn).

Die Nationalpark-Verwaltung hat zu allen Routen Wegbeschreibungen herausgegeben, die in den Touristeninformationsbüros der umliegenden Orte erhältlich sind. Keinesfalls sollte man die vorgegebenen Wege verlassen, nicht nur wegen der Sturzgefahr, sondern auch, um weitere Erosion zu vermeiden – schließlich besteigen jährlich mehr als 300 000 Menschen den Gipfel Snowdonias.

ROUTE 4

The Princes Arms, Trefriw, ☎ 0 14 92/64 05 92, 📠 64 05 59. Heimeliges Hotel in grüner Umgebung mit Blick auf den Fluss Conwy. Ausgezeichnetes Restaurant und Bistro. Ⓢ

Penmachno Hall, Penmachno, ☎📠 0 16 90/76 02 07. Im ehemaligen Pfarrhaus des Dorfes an der B 4406, vor allem bekannt durch seine Wollweberei, werden lokale Spezialitäten wie Lamm und Muscheln aufgetischt. Ⓢ

Die schmale B 5106 führt nach **Llanrwst** (sprich „chlanrust"). Schon vor dem Ortseingang steht *Gwydir Castle*, ein Herrenhaus aus dem 19. Jh., dessen Vorläufer sich bis ins 7. Jh. zurückverfolgen lassen. Heute ist vor allem der Park mit den 70 Pfauen sehenswert. *Gwydir Uchaf Chapel* (Schlüssel beim Forest Office) auf dem benachbarten Hügel verbindet Gotik mit Renaissance; das bemerkenswerte Deckengemälde stellt Schöpfung, Dreieinigkeit und Jüngstes Gericht dar.

Vom Dorfplatz führt ein schmaler Weg zu den *Almshouses*, 1610 für „elf Männer und eine Frau, die ihre Betten macht" gebaut. Die nahe *Church of St. Grwst* (15. Jh.) trägt den Namen des Missionars, der den Ort gründete. Vermutlich entwarf Inigo Jones 1633 die *Gwydir Chapel* nebenan mit schönen Holzarbeiten; in dem großen Steinsarkophag ruhen angeblich die Gebeine Llywelyns des Großen.

Der Baumeister Inigo Jones plante 1636 auch die **Steinbrücke* mit drei Bogen, die hoch aufragend und massiv den Conwy überspannt. Über sie rollte sämtlicher Verkehr, bis Telford

Schiefer für die Dächer der Welt

Einst lag in einem einsamen grünen Tal ein Dorf namens Ffestiniog. Nur wenige Menschen wohnten hier, wie auch in dem kleinen Nachbardorf Blaenau. Die Menschen hatten kleine Gärten, ein paar Schafe, und gelegentlich schlugen sie sich ein paar von den schwarzen Steinen zurecht, die sie in den Bergen fanden, wenn sie Häuser, Zäune oder Grabsteine brauchten. Denn so hatte man es hier immer gehalten – auch schon die alten Römer –, und bis 1850 hat sich daran wenig geändert.

Doch dann begann in England die industrielle Revolution, die Zahl der Menschen dort schnellte nach oben, und diese brauchten Häuser. Gern nahmen sie mit dem billigen, sehr harten und beständigen Baustoff aus 600 Mio. Jahre alter Vulkanasche vorlieb, den man Schiefer nennt und der in Blaenau zu finden war. Einige Engländer mit viel Kapital zogen dorthin, um das Gestein in industriellem Maßstab abzubauen. 1898 sprengten, zerkleinerten, spalteten, beschnitten, sortierten und transportierten 16700 Arbeiter mehr als 500 000 t Schiefer aus Nordwales. Das entsprach ca. 95 % der britischen Produktion und wurde nicht mehr nur auf den Inseln verbaut – nein, er deckte Dächer in der ganzen Welt: den Kölner Dom, ein Krankenhaus in Kapstadt, Häuser und Fabriken in Hamburg, Berlin, Nordamerika und Neuseeland.

Schon ab den 1930er Jahren ging es bergab, und im Zweiten Weltkrieg wurden die entstandenen kathedralengroßen Höhlen vor allem zum sicheren Einlagern von Kunstschätzen genutzt. Heute arbeiten vielleicht gerade noch 150 Bergleute mit Maschinen im Tagebau. Doch die schwarzen Wunden sind geblieben – und Blaenau und Ffestiniog weiterhin vereint, wenn auch schon fast wieder zerrissen. Denn die Jungen wandern ab, für sie gibt es hier keine Zukunft. Bald wird Ffestiniog wieder ein einsames Dorf, wenn auch nicht mehr in einem grünen Tal, sein.

ROUTE 4

1822 seine Brücke in Conwy baute (s. S. 88). Direkt am anderen Ufer steht das *House over the Bridge* aus dem 15. Jh., ursprünglich Gerichtsgebäude und Wohnhaus, heute ein Café.

Eagles, Ancaster Sq., ☏ 🖷 0 14 92/64 04 54. Traditionelles Hotel mit Bar und Restaurant, das auch Kunsthandwerkkurse und Ausflüge anbietet. ⓢ

Ab Llanrwst kann man nun weiter der Route 4 zurück bis Porthmadog folgen oder die zweite Hälfte der Route 5 ab Bodnant Garden (s. S. 88) anschließen. Route 4 führt auf der A 470 zurück zum Ortsrand von Betws-y-Coed, wo an der Einmündung der A 5 erneut eine Brücke Aufmerksamkeit verdient; sie entstand 1815, daher *Waterloo Bridge*. Auch hier hieß der Baumeister Thomas Telford.

200 m dahinter biegt die A 470 rechts in Richtung Blaenau Ffestiniog ab, und bald taucht rechts in prächtiger Lage ein Bergfried auf. Er gehört zu **Dolwyddelan Castle.** Mit dem Bau dieser Feste wurde 1170 begonnen, und manche Quellen besagen, dass drei Jahre später Llywelyn der Große hier zur Welt gekommen sei. Auf jeden Fall hat er in der Burg gelebt, die den Weg ins Zentrum seines Reiches schützen sollte. Der zinnenbewehrte Fluchtturm wurde auf drei Stockwerke erhöht, doch das half letztlich nichts gegen die englischen Truppen Edwards I., die die Burg im Januar 1283 überrannten und zum eigenen Gebrauch weiter befestigten.

2 km vor Blaenau Ffestiniog an der A 470 kann man zwei **∗ Schieferminen** besichtigen, die jeweils unterirdische Fahrten anbieten sowie die Schieferbearbeitung und das Leben der Kumpel veranschaulichen: Llechwedd Slate Caverns (☏ 0 17 66/83 03 06) und Gloddfa Slate Mine (☏ 0 17 66/83 06 64). Der schiefer- und granitgraue Ort *Blaenau Ffestiniog* ist heute nur noch ein staubiger Schatten seiner industriellen Vergangenheit. Über die A 496 und A 487 gelangt man zurück nach Porthmadog (s. S. 78).

Mount Snowdon

Blaenau Ffestiniog

Wie in alten Zeiten: im Schieferbergwerk Llechwedd

Polyglott **83**

Route 5

Schlösser, Burgen, Strand

Anglesey – Bangor – **Conwy –
**Bodnant Garden – Llandudno –
**Bodelwyddan Castle – *Ruthin –
*Llangollen – Wrexham – **Erddig –
*Chirk Castle – *Powis Castle
(314 km)

Die flache Insel Anglesey vor der Nordwestküste von Wales ist noch von Landwirtschaft geprägt, besitzt aber mit Beaumaris eine ebenso berühmte Burg wie Conwy. Als glänzender Ingenieur erwies sich Thomas Telford mit den Brückenbauten über die Menai Strait und ein Tal bei Llangollen. An der Nordküste bestimmen Wohnwagenparks und Strände das Bild, doch wenn Sie auf dieser vier- bis fünftägigen Tour ins Landesinnere abbiegen, sehen Sie auch nette Marktstädtchen und gar nicht kleinliche Herrenhäuser und Schlösser.

Die Insel Anglesey

Zwischen zwei und sieben Kilometer breit ist die Menai Strait, eine von Ebbe und Flut abhängige Wasserstraße, die Anglesey *(Ynys Mon)* von der Hauptinsel trennt. Zahlreiche Grabkammern und andere neolithische Funde belegen, dass auf dem geologisch dem benachbarten Bergland überhaupt nicht verwandten Insel schon vor über 6000 Jahren Siedlungen existierten; Verwandschaften mit irischen Funden lassen sich nachweisen. Für die Römer war das Eiland strategisches Ziel, das im Jahr 78 endlich erobert war: Überreste ihrer Festung finden sich außerhalb von Holyhead. Aus Irland kamen im 6. Jh. christliche Mönche. Etwa ab dem 9. Jh. gehörte Anglesey zum Königreich Gwynedd, das im 13. Jh. von den bekanntesten walisischen Prinzen, Llywelyn dem Großen und dem Letzten, beherrscht wurde, bis die Truppen Edwards I. von England auch diesen Landesteil unterwarfen.

Beaumaris

Als Edward schon darauf verzichten wollte, bewegte ein erneuter Aufstand ihn dazu, in Beaumaris doch noch ein **Castle als letztes Glied seiner Festungskette zu bauen. Sämtliche an der Küste wohnenden Waliser ließ der englische König auf die andere Inselseite umsiedeln, damit allein die größte seiner Burgen den Zugang zur Menai Strait kontrollierte. Die umfassend gesicherte Anlage zeigt die gewachsene Erfahrung der englischen Eroberer beim Burgenbau. Bemerkenswert sind auch der kleine Hafen *(dock)* am Wachturm, der – wie der ganze Wassergraben – mit der Menai Strait verbunden war, sowie die gute Akustik der Kapelle (◷ März–Okt. tgl. 9.30–18.30; Okt. bis März Mo–Sa 9.30–16, So 11–16 Uhr).

Gegenüber dem Burgtor steht das *Courthouse* von 1614, das im 19. Jh. stark umgebaut wurde. Es wird heute nur noch selten für Gerichtsverhandlungen genutzt und kann besichtigt werden. Auf der anderen Seite des kleinen Platzes erinnert das *Museum of Childhood* (1 Castle St.) mit Spielzeug und Interieur an die Vergangenheit.

Beaumaris erlebte in der Frühzeit des Tourismus ab Mitte des 19. Jhs. eine zweite Blüte. Am neuen Pier in die Meerenge konnten Ausflugsdampfer aus Liverpool anlegen; Sommerfrischler flanierten die ebenfalls nagelneue viktorianische Häuserfront entlang.

Ein etwas grimmiges Gebäude nördlich der Hauptstraße kann betreten und jederzeit wieder verlassen werden. Das war nicht immer so, denn es handelt sich um das Gefängnis. *Beaumaris Goal wurde 1829 erbaut, später erweitert und zeigt eingerichtete Zellen, eine kleine Ausstellung über die Kriminalität zu Zeiten Königin Viktorias sowie eine einst von Häftlingen bediente Tretmühle (Kombiticket mit Courthouse).

 The Bulkeley, Castle St., ☎ 0 12 48/81 04 15, 📠 81 01 46. Das georgianische Hotel im Zentrum der Stadt bietet von einigen Zimmern schöne Blicke auf Snowdonia. $))
Olde Bull's Head, Castle St., ☎ 0 12 48/81 03 29, 📠 81 12 94. Das Landgasthaus von 1472 wurde 1617 neu erbaut. Eichenbalken und traditionelle Einrichtung harmonieren mit der sehr hochklassigen Küche des Hotelrestaurants. $))

Wer sich an kleinen Dingen erfreuen kann, wird einen Abstecher nach **Penmon** nicht bereuen (B 5109, dann auf ausgeschilderten Nebenstraßen). Hier gründete der hl. Seiriol im 6. Jh. eine *Kirche,* die 971 von Wikingern zerstört wurde. Im 12. Jh. wurde die jetzige Steinkirche mit ihrem breiten quadratischen, aber niedrigen Turm und winzigen Fenstern begonnen, später kamen Kreuzgang und Klostergebäude hinzu; zudem gibt es zwei große Steinkreuze aus keltischer Zeit. Etwas von der Kirche entfernt sprudelt *St. Seiriol's Well* neben den Fundamenten einer ovalen Zelle, angeblich die des Missionars.

Auf der anderen Straßenseite steht ein merkwürdiges quadratisches Gebäude mit Kuppeldach. Winzige Fenster auf jeder Seite und eine Öffnung in der Kuppel lassen nur wenig Licht ins Innere. Des Rätsels Lösung: ein *Dovecot (Taubenhaus) aus dem Jahr 1618, in dem in zahlreichen Wandnischen bis zu 1000 Täubchen nisteten. Die Säule in der Mitte hatte hölzerne Treppenstufen, sodass die Eier leicht gesammelt werden konnten.

Zurück über Beaumaris, die A 545 und die A 5 geht es nun in die Ortschaft mit dem

Neolithisches Grab Bryn-Celli-Ddu auf Angelsey

Beaumaris Castle, die größte Burg Edwards I. in Wales

Blick auf die Menai Strait vor Beaumaris

längsten und unaussprechlichsten Namen in Wales: **Llanfairpwllgwyngyllgogerychwyrndrobwllllantysiliogogogoch.** Wie Sie sich sicher denken können, bedeutet er: Kirche der hl. Maria in einer Senke beim weißen Haselnussbaum in der Nähe der Flussschnellen und der roten Höhle des hl. Tysilio. Praktischerweise kürzt man ihn Llanfair P. G. ab, aber am Bahnhof und im Ort stehen genug Schilder zum Fotografieren. Nach dem Schnappschuss sollten Sie sich nach *Plas Newydd aufmachen. Das Landhaus stammt ursprünglich aus dem frühen 16. Jh. 1812 erwarb der 2. Lord Uxbridge das Anwesen. Beim Rundgang durch das in klassizistischen Stilen gestaltete Haus lernt man des Lords gesamte weitläufige Verwandschaft kennen – in Form großformatiger Porträts, zahlreiche von Rex Whistler gemalt (◐ April–Okt. tgl. außer Do, Fr 12–17 Uhr).

Die A 4080 führt nun durch einige kleine Dörfer zu einem *Model Village* (Dorf in Miniaturformat) und einem *Sea Zoo* (Aquarium). Dann wendet sie sich gen Norden und Westen zur Küste, wo hinter Trecastell Bay die neolithische Grabkammer **Barclodiad-y-Gawres** auf den Klippen thront. Stehende Steine formen einen Gang ins Zentrum des Gemeinschaftsgrabes. Bei den Ausgrabungen fand man die Überreste zweier verbrannter Toter und von Opfergaben. Inzwischen wurde das Grab wieder so hergerichtet, wie es vermutlich angelegt war: Die monumentalen Deckenplatten ersetzt ein gemauertes Dach, über das ein Erdtumulus von 27 m Durchmesser aufgeschüttet wurde.

Nun mündet die A 4080 in die A 5, von der man vor Holyhead in Richtung *South Stack abbiegt. Eine imposante Klippenszenerie mit einem weißen Leuchtturm als Krönung wartet an diesem westlichsten Punkt von Anglesey, und ein Beobachtungsposten der RSPB (s. S. 26) erklärt die zahllosen Vogelarten. Etwa 300 m landeinwärts führt ein Pfad zu den *Irishmen's Huts*, runden Hausfundamenten, die von irischen Kelten aus dem 5. Jh. stammen, wofür es aber keine Belege gibt.

Trearddur Bay, vor Holyhead (nahe der B 4545), ☎ 0 14 07/ 86 03 01, ᙹ 86 11 81. Gemütliches Landhotel in grüner Umgebung, in der Nähe einige kleine Strände. ⓢ

In **Holyhead,** Endpunkt der A 5 von London und Fährhafen nach Dublin, gibt es außer einigen Erinnerungen an die römische Festung und einem Seefahrtsmuseum wenig zu sehen (❶ Marine Sq.), sodass man am besten über eben jene A 5 wieder kehrtmacht. Wer mit Muße reist, erfährt bei einem Abstecher nach Llangefni im örtlichen Museum Wissenswertes über die Geschichte Angleseys; die Galerie **Oriel Ynys Mon** zeigt Wechselausstellungen meist lokaler Künstler (Rhosmeirch, Llangefni, ☎ 0 12 48/72 44 44).

Bei extremem Niedrigwasser kann man die **Menai Strait** trockenen Fußes überqueren, doch normalerweise wird man eine der beiden Brücken vorziehen, um von Anglesey aufs Festland zurückzukommen. Die ältere baute Thomas Telford zwischen 1819 und 1826 und schloss damit eine wesentliche Lücke in der ersten Schnellstraße Großbritanniens, die über den Hafen Holyhead die Kolonie Irland mit London verband.

Entlang der Conwy Bay

Bangor ist seit 546 Bischofssitz und Universitätsstadt seit 1884. Seine viktorianischen *University Buildings* ziehen sich die Deiniol Road entlang, während die *Cathedral leicht versteckt am Hang im Zentrum liegt. Wie die Kirche des hl. Deiniol aussah, als er damals Bischof für Nordwales wurde, ist unbekannt. Die normannische Kathedrale vom Anfang des 12. Jhs. wurde in Edwards Kriegen stark beschädigt und im 13./14. Jh. neu aufgebaut. Da sie auch in späteren Jahrhunderten vom Schicksal gebeutelt wurde, sind die vertretenen Stile entsprechend vielfältig. Herausragend: eine 1518 geschaffene Christusdarstellung mit Dornenkrone auf einem Felsen.

 Llys y Gwynt, Little Chef Complex, A 5/A 55, Llandygai, ☏ 0 12 48/ 35 27 86.

In **Penrhyn Castle* am Stadtrand von Bangor glaubt man sich angesichts der vielen Türme mit winzigen Fenstern und Schießscharten zunächst vor einer weiteren Wehrburg, doch tatsächlich entwarf Thomas Hopper diesen Phantasiebau Anfang des 19. Jhs. in einem Stil, den man vorsichtig mit „neonormannisch" umschreibt.

Die deutsche Übersetzung ist noch länger...

So mittelalterlich das in einem riesigen Park stehende Schloss von außen wirken sollte, so modern war es innen, mit Heizung und fließendem Wasser, ausgestattet. Denn es gehörte der Familie Pennant, die – im Gegensatz zu den Bergleuten von Blaenau Ffestiniog – am Schieferboom kräftig verdiente. So ist es nicht verwunderlich, dass viele Einrichtungsgegenstände aus Schiefer sind, vom Billardtisch über offene Kamine, ja selbst ein 1 t schweres Bett (◷ April–Okt. tgl. außer Di 12–17 Uhr; Juli, Aug. 11–17 Uhr; Park jew. 1 Std. früher; letzte Tonbandtour: 16 Uhr).

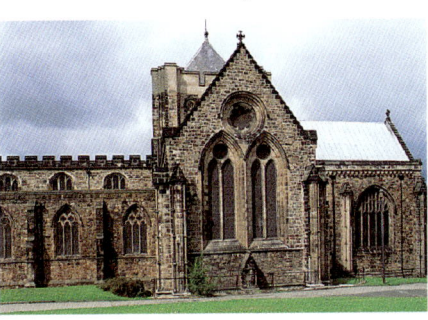

Die Kathedrale von Bangor hat eine lange Baugeschichte

Über die autobahnähnliche A 55 gelangt man vor der Kulisse Snowdonias nach **Conwy,* dessen lebhafte und gut erhaltene, kompakte Altstadt die vielleicht imposanteste Burg Edwards I. umgibt: **Conwy Castle*. Geradezu modellhaft verwirklichte Edward hier 1284 sein Herrschaftskonzept für Wales: Die oberhalb der breiten Mündung des Conwy aufragende, der natürlichen Felsstruktur angepasste Burg war in eine 10 m hohe, bis heute gut erhaltene und begehbare *Stadtmauer* integriert, die 1,5 km lang und mit 21 Wehrtürmen besetzt eine neue Stadt umschloss. Anglonormannische Siedler sollten innerhalb der Mauern im Schutz der Burg leben, während die

Blick auf die Universitätsgebäude von Bangor

misstrauisch beäugten Waliser außerhalb der Stadt zu verbleiben hatten. Die Außenmauern sind wie die acht massigen Türme gut erhalten und werden in ihrer Funktion bei einem Rundgang erklärt; auch der Ausblick lohnt den Besuch (◷ März–Okt. tgl. 9.30 bis 18.30 Uhr; Okt.–März Mo–Sa 9.30–16, So 11–16 Uhr).

In Castle Street widmet das *Teapot Museum* seine Ausstellung und den Laden ganz jenem Utensil, das für die nachmittägliche britische Leidenschaft unentbehrlich ist. Weiter die Straße entlang blieb mit *Aberconwy House* ein Kaufmannshaus aus dem 14. Jh. erhalten, in dem jetzt jeder Raum im Stil einer anderen Epoche eingerichtet ist. Durch die High Street gelangt man zu *St. Mary's Church* und *Plas Mawr,* dem großen Stadthaus aus dem 16. Jh., sowie zum gemütlichen Lancaster Square.

Rosehill St. (am Bahnhof), ☏ 0 14 92/59 22 56, ◷ Juli/Aug. 9.30–21 Uhr, sonst 10–18 Uhr; Cadw Visitor Centre, Castle Entrance, ☏ 0 14 92/59 22 48.

Castle Bank, Mount Pleasant, ☏ 0 14 92/59 38 88, 🖷 59 64 66. Kleines, familiengeführtes Hotel am Stadtrand. Ⓢ

Vor dem Castle führen neben der modernen Brücke zwei historische über die breite Conwy-Mündung: Telfords schmiedeeiserne Hängebrücke **Suspension Bridge** (1822) sowie Robert Stephensons **Tubular Bridge** für die Eisenbahn (1847), die beide der Erprobung von Material und Konstruktion dienten, bevor größere Ausgaben die Menai Strait überspannen durften.

The Groes Inn, ☏ 0 14 92/65 05 45, an der B 5106, 2,5 km südl. von Conwy. Vermutlich älteste Kneipe in Wales von 1573, mit *real ale*, Restaurant und Garten. Ⓢ

Abstecher nach **Bodnant Garden

Wer sich auch nur im geringsten für Blumenpracht und Gärten interessiert, sollte unbedingt die herrliche Anlage (an der A 470) besuchen. 1875 pflanzte ein Industrieller aus Lancashire zahlreiche Bäume auf einem Anwesen, das sanft zum Conwy abfällt. Seine Nachfahren setzten sein Werk vor allem mit Rhododendren, Magnolien und Kamelien fort, gestalteten Stein- und Rosengärten, Wasserfälle und Seerosenteich. Besonders beeindruckend: die bewachsene Mauer am Eingang, die untere Rosenterrasse und die Canal Terrace mit Seerosen und Pin Mill (◷ März–Okt. tgl. 10–17 Uhr).

Tipp Einen Preis für das freundlichste Restaurant in Wales gewann 1999 das **Paysanne,** Station Rd., Deganwy, ☏ 0 14 92/58 20 79, auf halbem Weg zwischen Conwy und Llandudno. Aber auch die französische Landküche des in warmem Terrakotta gehaltenen viktorianischen Hauses bietet mit hervorragenden Meeresfrüchten und frischen lokalen Zutaten Herausragendes. Der Wein wird aus Frankreich importiert. So, Mo geschl. Ⓢ

Von **Conwy nach Llandudno

Über die A 470 geht es mitten hinein ins Sommervergnügen: 1850 war **Llandudno** noch ein winziges Dorf, doch dann investierte die Familie Mostyn gigantische Summen in den viktorianischen Tourismus. So verfügt die nur 20 000 Einwohner zählende Stadt nicht nur über einen *Pier,* sondern auch ein auffallend geschlossenes Stadtbild mit Häusern aus der zweiten Hälfte des vorigen Jahrhunderts. Im Sommer sind die an der Promenade gelegenen und übers gesamte Stadtgebiet verteilten Hotels zum Bersten gefüllt, ebenso Cafés, *amusement halls* und Kinos.

Beachtenswerte Ausstellungen moderner Kunst zeigt die öffentliche Galerie * *Oriel Mostyn* (12 Vaughan Street, ☏ 87 92 01). Musikfreunde können in Kirchen den berühmten walisischen Chören lauschen; und das *North Wales*

Theatre (The Promenade, ☏ 87 20 00) bietet Konzerte, Musicals und Aufführungen der Welsh National Opera.

 1–2 Chapel St., ☏ 0 14 92/ 87 64 13; ◷ im Sommer tgl. 9.30–18 Uhr.

 St. Tudno, Promenade, ☏ 0 14 92/ 87 44 11, 🖷 86 04 07. Ein Preis für die beste Hoteltoilette in Britannien schmückt dieses Establissement! Zum Glück ist auch der Rest auszeichnungswürdig. $$$
Bryn-y-Bia, Craigside, ☏ 0 14 92/54 96 44. Kleines Hotel am Stadtrand, mit großem Garten und gutem Restaurant. $$
Gwesty Leamore, Lloyd St., ☏ 0 14 92/87 55 52. Persönlich geführte Pension in der Stadt. $$
Agar House, 17 St. David's St., ☏ 0 14 92/87 55 72. In einer schönen Straße gelegene kleine Pension mit freundlichem Service. $

Beliebtester Ausflugsort ist der am Stadtrand steil aufragende Kalkberg *Orme mit Panoramablick auf Bucht und Berge. Hinauf fahren – außer zahlreichen Bussen – eine *Cable Car* von Happy Valley und die *Great Orme Tramway,* eine Straßenbahn, die seit 1902 von Victoria Station aus verkehrt (◷ Ostern–Okt. tgl. 10–18 Uhr).

In den **Great Orme Copper Mines** (auf halbem Weg zwischen Stadtrand und Berg) wurde schon vor 4000 Jahren Kupfer gewonnen und verarbeitet, was ein Film und eine Besichtigung unter Tage verdeutlichen.

Die Urlaubsküste zieht sich von Llandudno fast ununterbrochen bis Colwyn Bay und dann weiter über Rhyl und Prestatyn bis zum Point of Ayr. Doch immer flächendeckender säumen Wohnwagenkolonien die landschaftlich nun nicht mehr sonderlich reizvolle Küste.

Eine imposante Hängebrücke führt zu Conwy Castle

Bodnant Garden, seit 1949 im Besitz des National Trust

Zum Stadtbild von Llandudno gehört der 100 m lange Pier

ROUTE 5

Landeinwärts nach *Llangollen

**Bodelwyddan Castle (nahe der A 55) stammt, trotz einiger dürftiger Bezüge zum 15. Jh., praktisch vollständig aus dem 19. Jh. Heute ist das Schloss weitgehend Museum und Gemäldegalerie, mit Leihgaben der National Portrait Gallery, des Victoria and Albert Museum und der Royal Academy of Art.

Porträts von Persönlichkeiten des 19. Jhs. wurden hier thematisch gehängt: Bekannte liberale Politiker kamen ins Esszimmer, Historiker und Wissenschaftler in die Bibliothek und Frauen in den Damensalon. Ein Augenschmaus sind die Karikaturen aus der Zeitschrift *„Vanity Fair"* von 1870–1890 (◐ April–Okt. tgl. außer Fr 10–17 Uhr; Juli, Aug. tgl.; Nov.–März tgl. außer Mo, Fr 11–16 Uhr; empfehlenswerte Tonbandführung).

In **St. Asaph** (der hier 570 als Bischof wirkte) zweigt die A 525 ins Tal des Clwyd ab. Und stünde dort nicht die *Cathedral*, der kleine Ort wäre kaum der Rede wert. Bekanntester Bischof war William Morgan (1601–1604), der Übersetzer der Bibel ins Walisische; ihm ist an der Straße ein Denkmal gewidmet. Der Kirchenschatz enthält mehrere wertvolle mittelalterliche Bibeln und Gebetbücher.

Auf einem Hügel liegt 6 km südlich die Marktstadt ***Ruthin** am Weg, benannt nach ihrer „roten Festung", einer weiteren normannischen Burg, die heute als Hotel genutzt wird.

Tipp Für einen Abend kann man sich in **Ruthin Castle** ins Mittelalter zurückversetzen lassen. Beim *mediaeval banquet* werden zu Harfenmusik große Fleischstücke aufgetischt, an die man sich per Hand macht. Das Ganze wird mit Met hinuntergespült. (☎ 0 18 24/70 26 64; Zutritt nur für Gäste des Hotels).

Jedermann offen steht der von historischen Gebäuden gesäumte Marktplatz. An der Nordseite verbirgt sich hinter einem schönen schmiedeeisernen Gitter (1727) die *Church of St. Peter* (14. Jh.) mit einer Eichendecke aus 400 unterschiedlich geschnitzten Paneelen. Um die Kirche gruppieren sich Häuser aus dem 13. und 14. Jh. Im Osten entstand im 16. Jh. das Hotel *Myddleton Arms*, bei dem das hohe Dach den „holländischen" Stil ausmachen soll und dessen sieben Fenster die „Augen von Ruthin" genannt werden. Banken haben sich in den alten Häusern an der Südseite des Platzes eingenistet. *Court House* (Nat. Westminster) entstand 1401 und beherbergte neben dem Gerichtssaal auch das Gefängnis; für die Todesstrafe gab es unter dem Giebel einen Haken, an dem letztmalig am 12. August 1679 ein Delinquent aufgeknüpft wurde. *Exmewe Hall* (Barclays) entstand als Wohnhaus etwa 1500. Auf einem Stein davor soll König Artus seinen Nebenbuhler Huail erschlagen haben. Ein breites Angebot an Kunsthandwerk und Kursen finden Sie im *Craft Centre* an der Park Road. (☎ 0 18 24/70 47 74).

Olde Anchor Inn, Rhos St., ☎ 0 18 24/70 28 13, 📠 70 30 50. Ein altes Wirtshaus mit Bar, die Zimmer bieten guten Standard. Ⓢ

Chardonnay's, 1 Upper Clwyd St., ☎ 70 58 18. Weinstube mit Bistro-Küche. Ⓢ

Weiter führt die Route (über die A 525 und die A 542) gen Süden durch grüne dramatische Hügellandschaft: Die Straße klettert hoch zum **Horseshoe Pass** und zieht sich in einer weiten Schleife den Berghang entlang.

Langsam geht es wieder abwärts, doch noch bevor die Talsohle erreicht ist, liegt links **Valle Crucis Abbey.** Vor allem die sehr schön durch Spitzbögen und eine Rosette gegliederte Westfassade der 1201 gegründeten Zisterzienserabtei ähnelt der von Tintern (s. S. 60), ohne jedoch deren Majestät zu erreichen. Mit ihrer Auflösung

90 Polyglott

durch Heinrich VIII. 1535 teilt die Abtei das Schicksal aller walisischen Klöster.

* **Llangollen** an der Kreuzung wichtiger historischer Transportwege zu Lande und zu Wasser liegt größtenteils am Südufer des Dee. Dorthin gelangt man über eine Brücke, deren ältester Part aus dem 14. Jh. stammt. An der Hauptstraße drängen sich Geschäfte, denn im Sommer ist der Ort ein beliebtes Ausflugsziel.

Das Pontcysyllte Aqueduct, eine Meisterleistung Thomas Telfords

Am südlichen Ortsrand empfingen einst die „two Ladies of Llangollen" in *Plas Newydd* zahlreiche Dichter der Romantik und andere Berühmtheiten der Gesellschaft. Außerdem sammelten die beiden Irinnen Eleanor Butler (1740 bis 1829) und Sarah Ponsonby (1756 bis 1831) Schnitzereien und skurrile Dinge. Das machte sie zu Lebzeiten weniger beliebt als heute. Vorwurfsvoll wurde ihnen eine lesbische Beziehung unterstellt, und sie wurden als Exzentrikerinnen und Außenseiterinnen abgestempelt. Die Balken ihres Fachwerkhauses sind über und über mit Schnitzereien versehen, die Fenster bleiverglast. Leider ist die Sammlung seit ihrem Tod in alle Winde verstreut (○ April–Okt. tgl. 10–17 Uhr). Vom Garten des Hauses, der den Steinkreis eines *eisteddfod* einschließt, hat man einen guten Blick auf *Castell Dinas Bran*, eine nördlich von Llangollen gelegene Hügelfestung aus der Eisenzeit.

Erddig, ein einmaliges Zeugnis britischen Landlebens

Sehenswert in der Stadt sind außerdem die *Church of St. Collen* aus dem 11.–14. Jh. und die *Victorian School* in der Parade Street. Ansonsten stehen in Llangollen Freizeitvergnügungen im Vordergrund.

 Jeden Juli steht Llangollen ganz im Zeichen des *International Musical Eisteddfod* (✆ 0 19 78/86 02 36, 🖷 86 13 00) – nicht zu verwechseln mit Royal National Eisteddfod (s. S. 20)! –, ein großes Festival der Volksmusik.

Den Bahnhof der *Llangollen Railway* setzten Eisenbahnfans als Museum in-

Plas Newydd: auch Admiral Wellington kam zu Besuch

stand. Jetzt ziehen restaurierte Dampfloks wieder Züge die 6 km nach Glyndyfrdwy (◷ tgl. 10.30–17 Uhr).

Nördlich des Flusses liegt *Llangollen Wharf* am Llangollen Canal – eine 1804 eröffnete Abzweigung des Shropshire Union Canal. Heute verkehren die schmalen, motorisierten oder von Pferden gezogenen Kanalbarken nur noch für Ausflügler (◷ Ostern–Okt.; tgl. mehrere Abfahrten). Die meisten Boote überqueren dabei auch das *Pontcysyllte Aqueduct* (1795–1805). Neunzehn Bogen überspannen auf 300 m Länge in 37 m Höhe das Dee-Tal (beschildert von A 539 und A 5).

Castle Street,
☎ 0 19 78/86 08 28,
📠 86 15 63; ◷ 10–18 Uhr.

Gales Wine Bar & Hotel, 18 Bridge St., ☎ 0 19 78/86 14 28, 📠 86 13 13. Zwei benachbarte Pubs aus dem 17. Jh. wurden zu komfortablen Räumlichkeiten umgebaut. ⓢ)) Große Weinauswahl und schmackhaftes Essen in der Bar. ⓢ

The Woolpack, 13 Bridge St., ☎ 86 03 00. Hauptsächlich Fisch- und Lammgerichte. Mit Blick auf den Fluss. ⓢ

Abstecher nach Norden

Eigentlich weist das geschäftige **Wrexham** nur eine einzige Sehenswürdigkeit auf, die *Church of St. Giles* aus dem 16. Jh., deren berühmten Turm Steinmetzarbeiten verzieren. Im Kircheninneren entdeckte man mittelalterliche Fresken mit einer Darstellung des Jüngsten Gerichts. Kunstvolle Eisengitter schließen das Tor zum stimmungsvollen Friedhof, auf dem vor allem Amerikaner zum Steinsarkophag von Elihu Yale pilgern: Er wurde 1648 bei Boston, Massachusetts, geboren und erwarb großen Reichtum, von dem er sich nach der Rückkehr ins Land seiner Väter bereitwillig trennte. So rettete er ein kleines College, das 1745 nach ihm umbenannt wurde und heute in bestem Ruf steht. Yale starb 1721 auf seinem Waliser Alterssitz.

Lohnend macht den kleinen Abstecher nach Norden jedoch das Herrenhaus ****Erddig** aus dem 17. Jh. am südlichen Stadtrand von Wrexham. Es wurde 1773–1973 von der Familie Yorke bewohnt, deren männliche Mitglieder samt und sonders Philip oder Simon hießen. In keinem vergleichbaren Anwesen wird man als Besucher von der Welt der Bediensteten aus (Ställe, Back- und Waschhaus, Küche) in die der Herrschaften eingeführt. Arbeits- und Wohnwelt sind fast durchgehend originalgetreu im Stil des 18. Jhs. eingerichtet, auch der Garten wurde wieder entsprechend gestaltet (◷ April bis Okt. tgl. außer Do, Fr 12–17 Uhr).

Zwei Castles im Süden

Einen gänzlich anderen Eindruck vermittelt ***Chirk Castle**. Edward I. ließ die ursprünglich walisische Festung Castell-y-Waun 1310 zu einer Grenzburg ausbauen. 1595 erwarb sie der Bankier Sir Thomas Myddelton, späterer Bürgermeister von London. Durch viele Umbauten verlor die Burg ihren militärischen Charakter und wurde zum Wohnschloss mit einer Einrichtung aus dem 16.–19. Jh. Im Parkgelände finden sich nahe beim See Überreste von Offa's Dyke (◷ April-Sept. tgl. außer Mo, Di 12–17 Uhr).

*Powis Castle südlich von Welshpool erlebte eine ähnliche Umwandlung. Es entstand im 13. Jh. als Wehrburg, wurde dann in elisabethanischer Zeit und noch einmal Anfang des 20. Jhs. umgebaut. Sehenswert ist das ****Clive Museum,** benannt nach einem früheren Eigentümer, der als Gouverneur von Madras eine große Kollektion indischer und ostasiatischer Kunst sowie von Waffen dieser Region zusammenstellte. Im Garten imponieren die 200 m langen Terrassen mit Orangerie (◷ April bis Juni, Sept, Okt. Mi–So; Juli, Aug. Di bis So jew. 12–17; Garten 11–18 Uhr).

Praktische Hinweise von A–Z

Ärztliche Versorgung

Ärzte des National Health Service leisten in Notfällen kostenlose Hilfe. Sicherer ist die Mitnahme entsprechender Abrechnungsformulare; Informationen bei den Krankenkassen.

Behinderte

Das Wales Tourist Board in Cardiff beschreibt in der Broschüre „Discovering Accessible Wales" die Zugangsmöglichkeiten zu Sehenswürdigkeiten. Viele Hotels bemühen sich um einfachen Zugang für Rollstuhlfahrer.

Weitere Informationen bei: *Disability Wales*, Llys Ifor, Crescent Rd., Caerphilly CF83 1XL, ☎ 0 12 22/88 73 25.

Diplomatische Vertretungen

Deutsche Botschaft, 21 Belgrave Sq., London SW1X 8PZ, ☎ 01 71/2 35 50 33, 🖷 2 35 06 09;
Deutsches Honorarkonsulat, Pencoed House, Capel Llanilltern, Cardiff CF5 6JH, ☎ 0 12 22/89 02 04.
Österreichische Botschaft, 18 Belgrave Mews, London SW1X 8HU, ☎ 01 71/2 35 37 31, 🖷 2 35 80 25.
Schweizer Botschaft, 16–18 Montagu Pl., London W1H 2BQ, ☎ 01 71/7 23 07 01, 🖷 7 24 70 01.

Einreisebestimmungen

Bürger der EU benötigen lediglich Personalausweis oder Reisepass, der noch mindestens sechs Monate gültig ist.

Elektrizität

Die Spannung beträgt 240 V bei 50 Hz; es sind allerdings dreipolige Stecker erforderlich. Adapter gibt es in Elektrogeschäften und Warenhäusern.

Feiertage

1. Januar (Neujahr); Karfreitag und Ostermontag; erster und letzter Montag im Mai (May Day Bank Holiday und Spring Bank Holiday) und letzter Montag im August (Summer Bank Holiday); Weihnachten.

Geld

Die britische Währung ist das Pfund Sterling (£), das sich in 100 Pence (p) unterteilt. Scheine gibt es zu 50, 20, 10 und 5 £, Münzen zu £ 2, 1 sowie 50, 20, 10, 5, 2 und 1 p. £ 1 entspricht etwa 2,95 DM (Stand: April 1999).

Banken lösen Euro- und Reiseschecks gegen Gebühr problemlos ein (da Großbritannien nicht an der Europäischen Währungsunion teilnimmt, können Rechnungen nicht bargeldlos in Euro bezahlt werden). Kreditkarten sind weit verbreitet, an vielen Automaten kann man mit der ec-Karte Bargeld abheben.

Informationen

Broschüren über Wales versendet, teilweise auch in Deutsch, die *Britische Zentrale für Fremdenverkehr (BTA)* für Deutschland und Österreich: Urlaubsservice Großbritannien, Westendstr. 16–22, D-60325 Frankfurt/M., ☎ 0 69/97 11 23, 🖷 97 11 24 44;
für die Schweiz: Limmatquai 78, CH-8001 Zürich, ☎ 01/2 61 42 77, 🖷 2 51 44 56. Wales im Internet: http://www.visitwales.com

In Wales: *Wales Tourist Board (WTB)*, Distribution Dept., Davies St., Cardiff CF1 2FU, sowie über 80 lokale Tourist Information Centres (TIC) mit meist breitem Serviceangebot, die z.T. nur von April bis September geöffnet sind.

Notruf

Landesweit für Polizei, Feuerwehr und Notarzt gebührenfrei: ☎ 9 99.

PRAKTISCHE HINWEISE VON A–Z

Öffnungszeiten

Banken: Mo–Fr 9–16.30 Uhr, manche auch Sa vormittags.

Läden: Mo–Sa meist 10–17.30 Uhr, manche (vor allem Supermärkte) auch länger; seit einiger Zeit dürfen Geschäfte auch So geöffnet sein. In einigen Orten gibt es einen *Early Closing Day*, dann machen die Läden mittags oder im Laufe des Nachmittags zu.

Pannenhilfe

Notfallnummern der Automobilklubs: *Automobile Association (AA)* ☎ 08 00/88 77 66 oder *Royal Automobile Club (RAC)* ☎ 08 00/82 82 82.

Maße, Temperatur

Länge
1 inch (in.) = 2,54 cm
1 foot (ft.) = 12 inches = 30,48 cm
1 yard (yd.) = 3 feet = 91,44 cm
1 mile (mi.) = 1,609 km

Volumen
1 gill (gl.) = 0,142 Liter
1 pint (pt.) = 4 gills = 0,568 Liter
1 quart (qt.) = 2 pints = 1,136 Liter
1 gallon (gal.) = 4 quarts = 4,5459 Liter

Gewicht
1 ounce (oz.) = 28,35 g
1 pound (lb.) = 16 ozs. = 453,6 g
1 stone (st.) = 14 lbs. = 6,35 kg
1 quarter (qr.) = 2 sts. = 12,7 kg
1 hundredweight = 4 qrs. = 50,8 kg

Temperatur

°Celsius / °Fahrenheit

Post

Postkarten und Briefe bis 20 g kosten mit Ziel innerhalb der EU 30 p, außerhalb der EU in Europa 35 p. Postämter, am roten Schild draußen zu erkennen, gibt es in jedem kleineren Ort.

Telefon

Sehr häufig sind kombinierte Apparate, die Telefonkarten sowie Münzen von £ 1, 50 p, 20 p und 10 p annehmen. Telefonkarten gibt es bei der Post und in vielen Zeitschriftenläden.

Die internationale Vorwahl Großbritanniens lautet 00 44. Von dort wählt man nach Deutschland 00 49, nach Österreich 00 43, in die Schweiz 00 41, dann jeweils die Ortsvorwahl ohne Null und die Anschlussnummer.

Trinkgeld

In manchen Restaurants ist die Bedienung nicht eingeschlossen, was dann meist auf der Rechnung vermerkt wird und zu mindestens 10 % Aufschlag veranlassen sollte. Ansonsten rundet man nach tatsächlichem Service auf. In Pubs wird an der Bar bestellt und sofort bezahlt, dann ist Trinkgeld unüblich.

Zeit

Auch in Wales gilt die Greenwich Mean Time (GMT), die der mitteleuropäischen Zeit (MEZ) eine Stunde hinterherhinkt. Die Umstellung zwischen Sommerzeit und Winterzeit erfolgt am selben Tag wie auf dem Kontinent.

Zoll

Waren aus einem EU-Land, die zum persönlichen Gebrauch bestimmt sind, können von Reisenden aus EU-Mitgliedsstaaten zollfrei ein- und ausgeführt werden. Folgende Höchstgrenzen gelten lediglich für Waren aus Nicht-EU-Ländern bzw. für Reisende aus Nicht-EU-Staaten: 200 Zigaretten oder 250 g Tabak, 1 l alkoholische Getränke über oder 2 l unter 22 Vol.-%, 60 ml Parfum oder 250 ml Eau de toilette.

Register

Orts- und Sachregister

Aberdaron 76
Aberdyfi 72
Abergavenny 62
Abersoch 76
Aberystwyth 67
Act of Union 11, 13, 14, 18
Angelsey, Insel 8, 84
Arthur's Stone 45
Artussage 15, 20, 45, 48, 66, 72, 90

Bangor 86
Barclodiad-y-Gawres 86
Bardsey Island 76
Barmouth 74
Barry 37
Beaumaris 84
Beddgelert 79
Betws-y-Coed 80
Black Mountains 9, 63
Blaenau Ffestiniog 82, 83
Bodelwyddan Castle 90
Bodnant Garden 88
Brecon 64
Brecon Beacons 9
Brecon Beacons N. P. 8, 62

Caerleon 46
Caernarfon 76
Caerphilly Castle 46
Caerwent 46
Caldey, Insel 52
Capel Curig 80
Capel-y-Ffin 22, 62
Cardiff 15, 18, 30 ff.
– Animal Wall 31
– Bute Park 31
– Cardiff Bay 18, 33
– Cardiff Castle 32
– Castle Arcade 32
– Cathay's Park 30
– City Hall 30
– Gorsedd Gardens 30
– Harry Ramsden's 34
– Industrial and Maritime Museum 34
– Llandaff Cathedral 34
– Market Hall 32
– Museum of Welsh Life 35
– National Museum and Gallery 30
– Norwegian Church 34
– Old Library 32
– Pierhead Building 34
– St. John 32
– Techniquest 34
– Welsh Office 31
Carew 54
Carmarthen 48
Carreg Cennen Castle 66
Castell Coch 47
Centre for Alternative Technology 72
Chapels 8, 13, 14, 32, 72
Chepstow 59
Chirk Castle 92
Cockles 23, 41
Conwy 87
Coracles 57, 58
Craig-y-Nos Country Park 66
Criccieth 74
Crickhowell 64
Cyfarthfa Castle 38

Dan-yr-Ogof, Höhlen 66
Devil's Bridge 70
Dinefwr 66
Dolgellau 72
Dolwyddelan Castle 83
Dyffryn 37

Eisteddfod 8, 20 f., 30, 44, 91
Erddig 92

Ffestiniog 82
Ffestiniog Railway 78
Fishguard 57

Glamorgan 37
Gorsedd-Zeremonie 20 f.
Gower, Halbinsel 45
Great Orme Copper Mines 89

Harlech 74
Haverfordwest 54
Hay-on-Wye 63
Holyhead 86
Horseshoe Pass 90

Industrielle Revolution 9, 10, 12, 13, 18, 19, 39, 82

Lamphey Bishop's Palace 52
Laugharne 44, 50
Laverbread 14, 23, 41
Llanbedrog 76
Llanberis 80
Llanberis Lake Railway 80
Llancaiach Fawr 38
Llandudno 88
Llanerch, Weingut 38
Llanfairpwllgwyngyll-gogerychwyrndrobwll-llantysiliogogogoch (Llanfair P. G.) 86
Llangefni 86
Llangollen 22, 91
Llanthony Priory 62
Llanystumdwy 74
Llanrwst 82
Llyn, Halbinsel 9, 74

Machynlleth 70
Maen Llia 66
Maen Madoc 66
Manorbier Castle 52
Menai Strait 84, 86
Merthyr Tydfil 18, 38
Milford Haven 14
Monmouth 60
Mumbles 43

Nant Gwynant 79
National Botanic Garden 18, 48
National Library of Wales 70
Nevern 58
Newport 46

Offa's Dyke 13, 16, 17, 27, 61, 92
Orme 89

Pembroke 52
Pembrokeshire Coast N. P. 8, 10, 51
Penarth 37
Penmon 85
Penrhyn Castle 87
Pentre Ifan 58
Plas Newydd 86
Porthmadog 78
Portmeirion 74
Powis Castle 92
Preseli Hills 58
Pwllheli 76

Raglan Castle 62
Ramsey, Insel 10, 56
Rhondda Heritage Park 39
Rhosili Bay 45
Rugby 27
Ruthin 90

St. Asaph 90
St. David's 22, 55 f.
St. Govan's Chapel 52

REGISTER

Saundersfoot 50
Schiefer 14, 78, 82
Schieferminen 83
Segontium 76
Skokholm, Insel 10, 54
Skomer, Insel 10, 54
Snowdon 9, 78, 80, 81
Snowdon Mountain Railway 80
Snowdonia 8, 9, 78
South Stack 86
Stack Rocks 52
Strumble Head 56
Swansea 14, 40 ff.
- Castle 41
- Cwmdonkin Park 40
- Dylan Thomas' Geburtshaus 40
- Dylan Thomas Theatre 42
- Glynn Vivian Art Gallery 40
- Guildhall 42
- Maritime and Industrial Museum 41
- Mount Pleasant 40
- Plantasia 42
- Swansea Market 41
- Swansea Museum 42
- Ty Llen 42

Tenby 50
Tinkinswood 37
Tintern Abbey 60
Tintern Old Railway Station 60
Tredegar House 46
Tretower Court and Castle 64
Tywyn 72

Vale of Neath 66
Valle Crucis Abbey 90

Walisisch 10 f., 13, 15, 18, 20, 21
Welsh Coracle Centre 58
Welsh Hawking Centre 37
Welsh Whisky Centre 65
Welsh Wildlife Centre 58
Worm's Head 45
Wrexham 14, 92
Wye Valley Walk 60

Ystradfellte 66

Personenregister

Agricola 16, 76
Angelsachsen 15, 16

Baldwin, Erzbischof 55
Bassey, Shirley 16, 34
Booth, Richard 63
Brangwyn, Frank 42
Brychan 64
Burges, William 32, 47
Burton, Richard 16, 57
Bute, Familie 30, 32, 47
Butler, Eleanor 91

Cambrensis, Giraldus (Gerald de Barri) 11, 31, 52, 55, 64
Chatwin, Bruce 62 f.
Crabtree, Jack 22
Crawshay II., William 38
Cromwell, Oliver 47, 68

Dafydd ap Gwilym 17, 20, 31
De Clare, Gilbert (Strongbow) 46, 52
De Clare, Walter 60
Debeubarth, Lord Rhys von 20
Deiniol, hl. 86
Dewi (David), hl. 16, 31, 46, 55, 56

Edward I. 11, 17, 74, 76, 83, 84, 87, 92
Edward, Prince of Wales 17, 76
Epstein, Sir Jacob 35
Evans, Walter 40

FitzOsbern, William 59

Gill, Eric 22
Glyndwr, Owain 17 f., 31, 68, 71, 72
Glynn Vivian, Richard 40
Govan, hl. 52
Green, Rob 70
Gruffudd ap Llywelyn 16

Heinrich II. 20, 55
Heinrich III. 17
Heinrich IV. 71
Heinrich V. 18, 60, 71
Heinrich VII. (Henry Tewdwr) 15, 18, 31, 52, 56
Heinrich VIII. 12, 18, 60, 91
Hillary, Edmund 79
Hopper, Thomas 87
Hywel Dda 12, 16, 31

John, Augustus 22
John, Gwen 22
Jones, David 22
Jones, Inigo 82

Jones, Ivor Robert 74

Kelten 16, 70, 86

Landor, Walter S. 62
Lewis, Saunders 20
Lloyd George, David 16, 18, 76, 77
Llywelyn ap Gruffudd (der Letzte) 17, 20, 31, 47, 79, 84
Llywelyn ap Iorwerth (der Große) 17, 74, 80, 82, 83, 84

Madog, Prinz 74
Morgan, William 13, 18, 90
Morganwg, Iolo (Edward Williams) 20
Myddelton, Sir Thomas 92

Nicholas, Jemima 58
Normannen 12, 30, 32, 61 f., 64

Offa, König 16, 61

Padarn, hl. 67 f.
Patti, Adelina 19, 66
Pennant, Richard 80
Perrot, Sir John 54
Ponsonby, Sarah 91

Rhys, Lord 66
Richard II. 71
Richards, Ceri 22, 40
Römer 12, 16, 30, 32, 46, 59, 62, 64, 76, 82, 84
Rolls, Charles Stewart 17, 61

Seiriol, hl. 85
Shakespeare, William 60
Siddons, Sarah 64
Stephenson, Robert L. 88

Telford, Thomas 82, 83, 84, 86, 88
Thomas, Dylan 16, 21 f., 40, 41, 42, 43, 44, 46, 50
Thomas, R. S. 21
Turner, William 22, 60

Wikinger 42, 55, 85
Wilhelm der Eroberer 16, 55
William ap Thomas 62
Williams, Kyffin 22
Williams-Ellis, Sir Clough 74, 76
Wilson, Richard 22
Wood, Harvey 34

Yale, Elihu 92